Johann Spörlein
Reinholda Wittmann
Neue Marienandachten

24.80

Für Gottesdienste mit Kindern,
Jugendlichen und der Gemeinde

Johann Spörlein
Reinholda Wittmann
Neue Marienandachten

Herder
Freiburg · Basel · Wien

Alle Rechte vorbehalten – Printed in Germany
© Verlag Herder Freiburg im Breisgau 1997
Herstellung: Clausen & Bosse, Leck
Gedruckt auf umweltfreundlichem,
chlorfrei gebleichtem Papier
ISBN 3-451-26345-9

Inhalt

Vorwort 7

Marienandachten in der Gemeinde
Maria im Advent 9
Maria – Maienkönigin 14
Maria – Zeichen der Hoffnung (15.8.) 20
Maria – Königin des Rosenkranzes 25
Maria – Trösterin der Betrübten 30
Maria – Königin des Friedens 36
Maria – Mutter der Glaubenden 42
Maria – Mutter der Kirche 47
Maria – Mutter aller Menschen 52
Maria – Hoffnung der Suchenden 59
Maria – Heil der Kranken 64
Maria – bitte für uns 69

Marienandachten mit Jugendlichen
Maria – kein »wenn« und »aber« 75
Maria – eine ganz normale Frau?! 87
Maria – laß uns stille werden 95

Marienandachten mit Kindern
Das Leben Mariens 107
Maria und das Kind Jesus 116
Maria, wir lieben dich 123
Maria begleitet Jesus auf dem Kreuzweg 130

Quellenangaben 137

Vorwort

Mittelpunkt einer Pfarrgemeinde ist sicher die Feier der Eucharistie. Daneben aber gab es von Anfang an auch andere Formen des Gottesdienstes. Gerade in unserer Zeit, in der immer mehr Gemeinden ohne Priester sein werden, wird das gemeinsame Beten der Gläubigen an Bedeutung gewinnen. Die hier vorliegenden Andachten sind deswegen bewußt so aufgebaut, daß sie auch ohne Priester gehalten werden können. Es ist einsichtig: wenn ein Pfarrer am Wochenende vielleicht eine Trauung zu halten hat, Beichtgelegenheit gibt, drei oder oft auch vier Gottesdienste hat und noch eine Taufe anfällt, und das sogar in verschiedenen Gemeinden, da muß er nicht auch noch die Andacht selbst halten. Es ist aber schon erstaunlich, in wie vielen Pfarreien das gemeinsame Gebet im Gotteshaus am Sonntagnachmittag oder auch unter der Woche am Abend zu finden ist und wie stark die Nachfrage für solche Andachten ist. Hier kann und muß – besser: darf – jemand aus der Gemeinde diese Aufgabe übernehmen.

In den hier vorliegenden Andachten sind neben liebgewonnenen und bekannten Texten auch neuere und vielleicht manchmal etwas unkonventionelle ausgewählt, und es finden sich auch Gebete, die nicht direkt »Mariengebete« sind, aber wenn wir den Sohn loben und ehren, ehren wir damit doch gleichzeitig auch seine Mutter. Besonders möchten wir zu den Andachten, die von Kindern mitgestaltet werden, ermuntern: nicht nur, daß die Kleinen auch ihre Eltern, Omas und Verwandten mitbringen; wir haben die Erfahrung gemacht, daß solche Mädchen und Buben, die schon sehr bald »in der Kirche was mitmachen« durften, auch später immer wieder bereit sind, im kirchlichen Bereich mitzuarbeiten. Hinweisen möchten wir auch auf die »Jugendandachten« – übrigens nicht nur für Jugendliche – und die Vorschläge in »Tanzend beten – betend tanzen«. Für manche Gemeinden vielleicht etwas ganz Neues.
Bei allen Andachten sind Lieder vorgeschlagen; sie können jedoch

jederzeit ausgetauscht werden. In den Diözesanteilen des Gotteslobes sind ja oft ganz kostbare Schätze an Marienliedern vorhanden.

R. Wittmann / J. Spörlein

Maria im Advent

Gnade und Friede von Gott, unserem Vater,
und dem Herrn Jesus Christus sei mit euch.

Lied:
Ave Maria zart
(GL Nr. 583, Str. 1–3)

Gebet:
Gott, himmlischer Vater: In der Vorbereitung auf die heilige Weihnacht schenkst du uns die Mutter deines Sohnes als Vorbild und Helferin. Gib uns auf ihre mächtige Fürbitte die Gnade, daß wir unsere Herzen öffnen für das Angebot des Heiles durch Christus, unsern Herrn. Amen.

Schriftlesung:
Die Verheißung der Geburt Jesu
Im sechsten Monat wurde der Engel Gabriel von Gott in die Stadt Nazaret in Galiläa zu einer Jungfrau gesandt. Sie war mit einem Mann namens Josef verlobt, der aus dem Haus David stammte, und ihr Name war Maria. Der Engel trat bei ihr ein und sagte: Sei gegrüßt, du Begnadete, der Herr ist mit Dir! Sie erschrak über diese Anrede und überlegte, was dieser Gruß zu bedeuten habe. Da sagte der Engel zu ihr: Fürchte dich nicht, Maria, denn du hast vor Gott Gnade gefunden. Du wirst ein Kind bekommen, einen Sohn wirst du gebären: dem sollst du den Namen Jesus geben. Er wird groß sein und Sohn des Höchsten genannt werden. Gott, der Herr, wird ihm den Thron seines Vaters David geben. Er wird über das Haus Jakob in Ewigkeit herrschen, und seine Herrschaft wird kein Ende haben. Maria sagte zu dem Engel: Wie soll das geschehen, da ich mit keinem Mann zusammenlebe? Der Engel antwortete: Heiliger Geist wird über dich kommen, und die Kraft des Höchsten wird dich über-

schatten. Deshalb wird auch das Kind heilig und Sohn Gottes genannt werden. Auch Elisabet, deine Verwandte, hat noch im Alter einen Sohn empfangen; sie ist jetzt schon im sechsten Monat und galt doch als unfruchtbar. Denn für Gott ist nichts unmöglich. Da sagte Maria: Ich bin die Magd des Herrn; mit mir geschehe, was du gesagt hast. Danach verließ sie der Engel.
Lukas 1, 26–38

Lied:
Den Herren will ich loben
(GL Nr. 261, Str. 1–3)

Adventsrufe:
V: Selig bist du, Jungfrau Maria!
A: Selig bist du, Jungfrau Maria!
V: Du hast geglaubt, was dir der Engel gesagt.
V: Du hast Gottes Wort aufgenommen und beantwortet.
V: Du hast dem Herrn dein Jawort gegeben.
V: Du hast voll froher Hoffnung den Herrn erwartet.
V: Du hast Gottes Geheimnis im Herzen treu bewahrt.
V: Du hast all deine Kräfte dem Herrn geschenkt.
V: Du hast dich ganz für Gott geöffnet.
V: Du bist der Weg, auf dem der Herr gekommen.
V: Du bist die Pforte, durch die der Herr geschritten.
V: Du bist der Tabernakel, in dem der Herr gewohnt.
V: Du bist das Vorbild lebendigen Glaubens.
V: Du bist das Vorbild unerschütterlichen Vertrauens.
V: Du bist das Vorbild wahrer Liebe zu Gott und den Menschen.
V: Du ebnest für jeden die Wege des Herrn.
V: Heilige Gottesmutter.
   Bitt für uns, Maria.
A: Bitt für uns, Maria.
V: Daß die Verheißungen deines Sohnes sich erfüllen.
V: Daß wir deinem Sohn den Weg bereiten.
V: Daß wir aus den Verwirrungen der Zeit
   den rechten Weg des Herrn finden.

V: Daß wir aus dem Dunkel des Lebens zum Licht Christi kommen.
V: Daß für unsere Welt das Reich des Friedens anbreche.
V: Daß allen gebrochenen Menschen Befreiung zuteil werde.
V: Daß wir uns selbst öffnen für das Angebot des Heiles.
V: Daß wir bei seinem Kommen bereit sind.

Lied:
Herr, send herab uns deinen Sohn
(GL Nr. 112, Str. 1–4)

Besinnung:
Ja, Herr, auch an mir hast du Großes getan,
nicht weil ich es verdient hätte,
sondern weil du groß bist.
Weil dein Name heilig ist,
will ich dir ähnlich werden.
Weil dein Name Erbarmen ist,
will ich barmherzig werden.
Deine Güte, Herr, kennt keine Grenzen,
aber eine Bedingung:
Sie braucht Hände und Herzen, die sie aufnehmen.
Öffne die Türen meines Verstandes,
der nicht glauben kann,
daß du nur eine Freude kennst: barmherzig zu sein.
Du machst nichts Kleines,
was du tust, ist immer groß.
In denen, die auf dein Wort hören,
und auch in denen, die besorgt sind um ihr Ich.
In mir finde ich beides, Herr,
befreie mich von Hochmut!
Stürze, was mächtig ist in mir,
und stärke das Niedrige, das dir so gefällt,
damit es anderen zur Freude wird.
Stürze vom Thron
meine Eitelkeit und Verletzlichkeit,
das Habenwollen und das Macht-Ausüben.

Laß mich neu entdecken,
was bei dir wichtig und groß ist.
Das baue auf in meinem Innern
und in der ganzen Welt.
So kann auch ich voll Freude sprechen:
Meine Seele preist die Größe des Herrn!

Aussetzung des Allerheiligsten

Lied:
Gottheit tief verborgen
(GL Nr. 546, Str. 1 und 2)

V: Brot vom Himmel hast du uns gegeben.
A: Das alle Erquickung in sich birgt.
V: Lasset uns beten. – Herr Jesus Christus, im wunderbaren Sakrament des Altares hast du uns das Gedächtnis deines Leidens und deiner Auferstehung hinterlassen. Gib uns die Gnade, die heiligen Geheimnisse deines Leibes und Blutes so zu verehren, daß uns die Frucht der Erlösung zuteil wird. Der du lebst und herrschest in Ewigkeit.
A: Amen.

Lied:
Gottheit tief verborgen
(GL Nr. 546, Str. 3 und 4)

Eucharistischer Segen
Wenn kein eucharistischer Segen erteilt werden kann:

Segensbitte:
Erhöre uns, Gott, unser Heiland, du Hoffnung der ganzen Erde, unsere Sehnsucht und Erwartung. Zögere nicht, und lasse uns nicht länger warten; komm und suche uns heim in Frieden. Komm,

unser Licht und Erlöser, damit wir deinen heiligen Namen lobpreisen.
So segne uns Gott der Vater, der Sohn, den wir erwarten, und der Heilige Geist. Amen.

Lied:
Maria, Mutter unsres Herrn
(GL Nr. 577, Str. 1–3)

Maria – Maienkönigin

Wir haben uns an diesem (schönen) Maiabend versammelt und wollen Maria loben und ehren. Beginnen wir nun unseren Gottesdienst: Im Namen des Vaters und des Sohnes und des Heiligen Geistes. Amen.

Lied:
Gegrüßet seist du, Königin
(GL Nr. 573, Str. 1–3)

Lobpreis:
V: Vater im Himmel! Du hast eine von uns in der Welt auserwählt zur Mutter deines Sohnes.
A: Wir danken dir für deine Treue zu uns Menschen.
V: Dein Sohn Jesus Christus hat die hochgelobt, die Gottes Wort nicht nur hören, sondern auch tun.
A: Wir danken dir für deine Treue zu uns Menschen.
V: Getrieben vom Geist Gottes hat Maria sich aufgemacht zu ihrer Base Elisabet. Dort jubelte sie aus Freude über ihre Erwählung.
A: Wir danken dir für deine Treue zu uns Menschen.
V: Auch wir sind auserwählt von der Welt.
Durch die Taufe sind wir Kinder Gottes geworden,
dafür loben und preisen wir Gott.
A: Wir danken dir für deine Treue zu uns Menschen.
V: Du hast uns als Zeugen deiner Botschaft in dieser Welt berufen.
A: Wir danken dir für deine Treue zu uns Menschen.

Lied:
Ave Maria zart
(GL Nr. 583, Str. 1–4)

Schriftlesung: *Die Heimsuchung*
Maria aber machte sich in diesen Tagen auf und ging eilends in das Gebirge in eine Stadt Judas. Sie trat in das Haus des Zacharias und begrüßte Elisabet. Und es geschah, als Elisabet den Gruß Marias hörte, hüpfte das Kind in ihrem Schoße, und Elisabet ward erfüllt mit heiligem Geiste und rief mit lauter Stimme: »Du bist gebenedeit unter den Frauen, und gebenedeit ist die Frucht deines Leibes! Woher kommt mir dies, daß die Mutter meines Herrn zu mir kommt? Denn siehe, als der Klang deines Grußes in mein Ohr drang, hüpfte das Kind vor Freude in meinem Schoße. Selig, die geglaubt hat, daß Erfüllung finden wird, was ihr vom Herrn gesagt wurde«. Maria sprach: »Hoch preist meine Seele den Herrn, und mein Geist frohlockt in Gott, meinem Heiland«.
Lukas 1,39–47

Das Magnifikat
gesungen oder gebetet
(GL Nr. 603 Antiphon – Magnifikat Nr. 127)

Der Herr hat Großes an dir getan;
alle Völker preisen dich selig.

1. Meine Seele preist die Größe des Herrn,
   und mein Geist jubelt über Gott, meinen Retter,
2. denn auf die Niedrigkeit seiner Magd hat er geschaut.
   Siehe, von nun an preisen mich selig alle Geschlechter!
3. Denn der Mächtige hat Großes an mir getan,
   und sein Name ist heilig.
4. Er erbarmt sich von Geschlecht zu Geschlecht
   über alle, die ihn fürchten.
5. Er vollbringt mit seinem Arm machtvolle Taten;
   er zerstreut, die im Herzen voll Hochmut sind;
6. er stürzt die Mächtigen vom Thron
   und erhöht die Niedrigen.
7. Die Hungernden beschenkt er mit seinen Gaben
   und läßt die Reichen leer ausgehn.

8. Er nimmt sich seines Knechtes Israel an
   und denkt an sein Erbarmen,
9. das er unsern Vätern verheißen hat,
   Abraham und seinen Nachkommen auf ewig.
10. Ehre sei dem Vater und dem Sohn
    und dem Heiligen Geist,
11. wie im Anfang, so auch jetzt und alle Zeit
    und in Ewigkeit. Amen.

Der Herr hat Großes an dir getan.
Alle Völker preisen dich selig.

Besinnung:
Als Jesus in ihr Leben trat, wurde Maria von der Gnade erfüllt. Die Freude war ihre Stärke. Sie gab ihr Kraft, sich unverzüglich und eilends aufzumachen, um Jesus den anderen zu bringen, um die niedrige Arbeit einer Dienstmagd zu tun. Genau das erwartet Gott auch von dir und von mir. Weil der gleiche Jesus, der in Marias Leib kam, auch zu uns kommt, sollen auch wir eilends gehen, die Hügel unserer Schwierigkeiten überwinden und voll Freude den anderen dienen, um ihnen Jesus schenken zu können. Daher sollten wir immer bitten: Maria, gib uns dein Herz – so wunderschön, rein und unbefleckt; gib uns dein Herz, so liebevoll und demütig, daß wir fähig werden wie du, Jesus aufzunehmen und zu den anderen zu tragen. Du bist für uns die Ursache der Freude, denn du hast uns Jesus geschenkt. Hilf uns, für andere Ursache der Freude zu werden, indem wir ihnen Jesus schenken. Heute hungern die Menschen mehr denn je nach Jesus. Und er ist die einzige Antwort, wenn wir wirklich Frieden wollen in dieser Welt.
Mutter Teresa

Rufe zur Muttergottes:

V: Mut-ter Got-tes, wir ru-fen zu dir!
A: Mut-ter Got-tes, wir ru-fen zu dir!
V: Dich lo-ben die Men-schen auf Er-den.
A: Ma-ri-a, wir ru-fen zu dir!

V: Begleiter auf all unsren Wegen.
    Du kennst unsre Fragen und Sorgen.
    Du wurdest zur Dienerin aller.
A: Mutter Gottes, wir rufen zu dir!
V: Du Mutter des Herrn und Erlösers.
    Du Erste von allen Erlösten.
    Maria, du unsere Schwester.
    Du Anfang der neuen Menschheit.
A: Mutter Gottes, wir rufen zu dir!
V: Du leuchtendes Vorbild des Glaubens.
    Du Hoffnung lebendiger Zukunft.
    Du Mutter der selbstlosen Liebe.
    Du bist ja die Mutter des Lebens.
A: Mutter Gottes, wir rufen zu dir!
V: Du Anfang des Friedens auf Erden.
    Du bist der Beginn unsrer Freiheit.
    Du machtvoller Schutz der Gerechten.
    Du Freundin der Armen und Schwachen.
A: Mutter Gottes, wir rufen zu dir!
V: Du Schwester der leidenden Menschen.
    Du Trösterin aller Gequälten.
    Maria, du Hilfe der Kranken.
    Du Hoffnung im Alter und Sterben.

A: Mutter Gottes, wir rufen zu dir!
V: Du bist nun am Ziel deiner Sehnsucht.
    Du Urbild des glücklichen Menschen.
    Du Bild des vollendeten Menschen.
    Du bist auferweckt von den Toten.
A: Mutter Gottes, wir rufen zu dir!

Aussetzung des Allerheiligsten

Lied:
Das Geheimnis laßt uns kunden
(GL Nr. 544, Str. 1 und 2)

Gebet:
Gott, du unsere Freude und unser Heil, du hast Maria erwählt zur Mutter deines Sohnes. Du hast sie erfüllt mit einer tiefen Liebe zu dir und zu den Menschen, die arm und in Not sind. Auf deine Botschaft hin macht sie sich eilends auf den Weg, um ihrer Verwandten Elisabet beizustehen. Gemeinsam mit ihr preist sie dein Erbarmen. Schenke auch uns eine aufrichtige Liebe zu dir und zu unseren Mitmenschen. Hilf uns, deinem Wort zu glauben, deine Wege zu gehen und mit Maria deine Größe zu preisen. Darum bitten wir durch Christus, unseren Herrn. Amen.

Eucharistischer Segen
Wenn kein eucharistischer Segen erteilt werden kann:

Segensbitte:
V: Wir bitten um Gottes Segen:
    Gott, der allmächtige Vater, segne uns durch den Erlöser der Welt, unseren Herrn Jesus Christus, den Sohn der jungfräulichen Mutter Maria.
A: Amen.
V: Er hat sie zur Königin über alle Menschen erhoben; ihre mütterliche Fürsprache erwirke uns Gottes Hilfe.

A: Amen.

V: Allen, die voll Zuversicht auf sie schauen, schenke Gott die wahre Freude und den ewigen Lohn.

A: Amen.

V: Das gewähre uns der dreieinige Gott, der Vater und der Sohn und der Heilige Geist.

A: Amen.

Lied:
Maria, breit den Mantel aus
(GL Nr. 595, Str. 1–4)

Maria – Zeichen der Hoffnung

Die Aufnahme Mariens in den Himmel kann für einen Christen nicht ein Tag der Verlegenheit und Unsicherheit sein; und nicht erst ein Dogma hat uns diesen Tag geschenkt. Mariä Himmelfahrt ist für uns ein Tag der Freude und ein Zeichen der Hoffnung.

Lied:

T: Heinrich Bone 1891;
M: Joseph Mohr
Aus: Gotteslob, Bamberger Diözesanteil

Glorreiche Mutter, denk der Zeit von deinem Erdenleben; zu dir in deine Seligkeit wir unser Flehn erheben. Dein Sohn, dein Sohn auf Gottes Thron, er hat dich aufgenommen zur Mutter aller Frommen.

2. Glorreiche Mutter, Königin des Himmels und der Erde,
die Gott erwählt von Anbeginn, daß sie verherrlicht werde!
Dein Sohn, dein Sohn auf Gottes Thron,
dein Sohn, dein Sohn auf Gottes Thron:
er reichte dir die Krone zum ew'gen Himmelslohne.

Väterlesung:
Die Unbefleckte Jungfrau kehrte nicht zum Erdenstaub zurück; da sie hienieden schon ein lebendiger Himmel war, wird sie in die himmlischen Wohnungen aufgenommen. Wie könnte sie auch den Tod verkosten, sie, aus der uns das wahre Leben geflossen ist? Wie könnte der Tod diese wahrhaft selige Frau verschlingen, die durch die Wirkung des heiligen Geistes Mutter wurde, die dem Sohn Gottes das Leben schenkte und sich ganz Gott weihte? Wie könnte die Totenwelt diese aufnehmen? Wie könnte Verwesung diesen Leib erfassen, in dem das Leben aufgenommen wurde?
(Johannes von Damaskus)

Lied:
Gegrüßet seist du, Königin
(GL Nr. 573, Str. 1–3)

Gebet:
Jungfrau und Mutter Maria, wir glauben mit ganzem Herzen, daß du mit Leib und Seele glorreich in den Himmel aufgenommen wurdest. Mit den Chören der Engel und Heiligen vereinen wir unseren Lobpreis und huldigen dir, dem Urgrund unserer Freude, durch Christus, unseren Herrn.
A: Amen
Wir beten drei »Gegrüßet seist du, Maria« mit der Einfügung: »der dich, o Jungfrau, in den Himmel aufgenommen hat«.

Lied:
Gegrüßet seist du, Königin
(GL Nr. 573, Str. 4–6)

Schriftlesung: *Freue Dich, Tochter Zion*

Juble und freue dich, Tochter Zion; denn siehe, ich komme und wohne in deiner Mitte – Spruch des Herrn.

An jenem Tag werden sich viele Völker dem Herrn anschließen, und sie werden mein Volk sein, und ich werde in deiner Mitte wohnen. Dann wirst du erkennen, daß der Herr der Heere mich zu dir gesandt hat.

Der Herr aber wird Juda in Besitz nehmen; es wird sein Anteil im Heiligen Land sein. Und er wird Jerusalem wieder auserwählen.

Alle Welt schweige in der Gegenwart des Herrn. Denn er tritt hervor aus seiner heiligen Wohnung.

Sacharja 2, 14–17

Wort des lebendigen Gottes.
A: Dank sei Gott.

Aussetzung des Allerheiligsten

Lied:
Sakrament der Liebe Gottes
(GL Nr. 542, Str. 1)

Lasset uns beten:
In Wahrheit ist es würdig und recht, dir, Herr, heiliger Vater, immer und überall zu danken und beim Gedenken an deine geliebte Tochter, die selige Jungfrau Maria, das Werk deiner Gnade gebührend zu rühmen.

Denn du hast Großes an ihr getan: Ihr seliger Aufgang kündete der ganzen Welt Freude an, in jungfräulicher Geburt hat sie uns Christus, das heitere Licht, gebracht; ihr demütiges Leben erleuchtet alle Kirchen.

Du hast Maria aufgenommen in die Herrlichkeit des Himmels, wo sie in sorgender Liebe als Schwester und Mutter auf uns wartet, bis wir zusammen mit ihr dich schauen auf ewig.

Präfation der Votivmesse (Marienschott, S.233)

Fürbitten:
Laßt uns beten zu Jesus, dem Sohn der Jungfrau und Gottesmutter Maria.
Herr Jesus Christus, geliebt und geehrt:
Festige durch die Aufnahme Mariens alle Menschen im Glauben an die ewige Auferstehung.
A: Wir bitten dich, erhöre uns.
Deine Mutter ist dir nachfolgt in deine Verklärung:
Gib uns und allen Völkern in Maria ein Zeichen deiner barmherzigen Liebe.
A: Wir bitten dich, erhöre uns.
In Maria hast du uns eine sorgende Mutter gegeben:
Tröste die Leidenden und Kranken, ermutige die Hoffnungslosen und schenke den Zweifelnden Vertrauen.
A: Wir bitten dich, erhöre uns.
Maria ist bereits heimgekehrt in die Herrlichkeit Gottes:
Schenke allen, die auf Erden einsam oder getrennt sind, bei dir die Vollendung.
A: Wir bitten dich, erhöre uns.
Du hast deine Mutter Maria herzlich geliebt und warst ihr gehorsam:
Sende Gnade den kinderlosen Frauen und Müttern und schenke ihnen Freude in der Mitsorge für hilflose Menschen.
A: Wir bitten dich, erhöre uns.

Lasset uns beten:
Gott, durch die Menschwerdung deines Sohnes hast du die Welt erfreut. Wir verehren Maria als Ursache unserer Freude. Gib, daß wir immer den Weg deiner Gebote gehen und unsere Herzen dort verankern, wo die wahren Freuden sind. Darum bitten wir durch ihn, Jesus Christus, deinen Sohn, unsern Herrn und Gott, der in der Einheit des Heiligen Geistes mit dir lebt und herrscht in Ewigkeit. Amen.

Lied:
Sakrament der Liebe Gottes
(GL Nr. 542, Str. 2)

V: Brot vom Himmel hast du uns gegeben.
A: Das alle Erquickung in sich birgt.

Lasset uns beten:
Herr Jesus Christus, im wunderbaren Sakrament des Altares hast du uns das Gedächtnis deines Sohnes hinterlassen. Gib uns die Gnade, die heiligen Geheimnisse deines Leibes und Blutes so zu verehren, daß uns die Frucht der Erlösung zuteil wird. Der du lebst und herrschest mit Gott dem Vater in der Einheit des Heiligen Geistes, Gott, von Ewigkeit zu Ewigkeit. Amen.

Eucharistischer Segen
Wenn kein eucharistischer Segen erteilt werden kann:

Segensbitte:
Gott, der allmächtige Vater, segne uns durch den Erlöser der Welt, unseren Herrn Jesus Christus, den Sohn der jungfräulichen Mutter Maria. Amen.
Sie wurde mit Leib und Seele in den Himmel aufgenommen; ihre mütterliche Fürsprache erwirke uns Gottes Hilfe. Amen.
Allen, die voll Zuversicht auf sie schauen, schenke Gott die wahre Freude und den ewigen Lohn. Amen.
Das gewähre uns der dreieinige Gott, der Vater und der Sohn und der Heilige Geist. Amen.

Lied:
Maria, Mutter unseres Herrn
(GL Nr. 577, Str. 1–4)

Maria – Königin des Rosenkranzes

Rosenkranz ist heute bei vielen nicht mehr (oder noch nicht wieder?) »in«. Liegt es daran, daß es nur zum bloßen Wortemachen vor Gott verführt, wie manche meinen? Oder liegt es daran, daß vielen die Fähigkeit fehlt, sich ohne Hast, mit ganzem Herzen mit dem zu beschäftigen, was Gott in Jesus Christus für uns getan hat?

Lied:

T: Johann Baptist Tafratshofer, gest. 1889
M: Michael Haller 1890
Aus: Gotteslob, Bamberger Diözesanteil

Gebet:
Herr, unser Gott, dein Sohn hat uns erlöst und gerettet durch sein Leben, seinen Tod und seine Auferstehung. Diese Geheimnisse verehren wir im Rosenkranz. Gewähre uns, daß wir nachahmen, was sie enthalten und erlangen, was sie verheißen. Darum bitten wir durch ihn, Jesus Christus, deinen Sohn, unseren Herrn und Gott, der in der Einheit des Heiligen Geistes mit dir lebt und herrscht in alle Ewigkeit. Amen.

Lesung:
Sie alle verharrten einmütig im Gebet, zusammen mit Maria, der Mutter Jesu
Dann kehrten sie vom Ölberg, der nur einen Sabbatweg von Jerusalem entfernt ist, nach Jerusalem zurück.
Als sie in die Stadt kamen, gingen sie in das Obergemach hinauf, wo sie nun ständig blieben: Petrus und Johannes, Jakobus und Andreas, Philippus und Thomas, Bartholomäus und Matthäus, Jakobus, der Sohn des Alphäus, und Simon, der Zelot, sowie Judas, der Sohn des Jakobus.
Sie alle verharrten dort einmütig im Gebet, zusammen mit den Frauen und mit Maria, der Mutter Jesu, und mit seinen Brüdern.
Apostelgeschichte 1,12–14

Lied:
2. Rosenkranzkönigin, Mutter des Lebens! Wer dir sich anvertraut, hofft nicht vergebens. Du trugst das Gotteskind, das uns das Leben bringt: Jungfrau, Mutter des Lebens.
3. Rosenkranzkönigin, Mutter voll Liebe! Hilf uns, daß unser Herz Gott nicht betrübe. In seiner Jugendzeit hast du den Herrn betreut: Jungfrau, Mutter voll Liebe.

Betrachtung:
Den Monat Oktober verbindet die Frömmigkeit der Gläubigen ganz besonders mit dem eifrigen und andächtigen täglichen Rosenkranzgebet, das meine Vorgänger Pius XII. und Paul VI. als eine »Kurzfassung des Evangeliums« bezeichneten. Seit Jahrhunderten nimmt die-

ses Gebet einen bevorzugten Platz in der Verehrung der Gottesmutter ein, »unter deren Schutz die Gläubigen in allen Gefahren und Nöten bittend Zuflucht nehmen« (Lumen gentium, 66).
Das Rosenkranzgebet ist ein einfaches Gebet, aber zugleich theologisch reich an biblischen Aussagen.
Im Rosenkranzgebet betrachten wir die wichtigsten Heilsgeschehnisse, die sich in Christus ereignet haben: von der jungfräulichen Empfängnis bis zu den Höhepunkten von Ostern und von der Verherrlichung der Muttergottes. Dieses Gebet ist ein Lobpreis und eine ständige Anrufung an die allerseligste Jungfrau Maria, daß sie für uns Sünder eintrete in jedem Augenblick unseres Lebens bis zur Stunde unseres Todes.
Wenn wir den Rosenkranz beten, versenken wir uns in die Geheimnisse des Lebens Jesu, welche zugleich die Geheimnisse seiner Mutter sind. Das empfindet man besonders klar bei den Geheimnissen des freudenreichen Rosenkranzes, angefangen bei der Verkündigung, über den Besuch bei Elisabet und die Geburt in der Nacht von Betlehem, dann die Darstellung des Herrn im Tempel bis hin zur Auffindung dort, als Jesus bereits zwölf Jahre alt war.
Papst Johannes Paul II.

Lied:
4. Rosenkranzkönigin, Mutter der Schmerzen! Du nahmst des Sohnes Leid tief dir zu Herzen; trugst mit ihm jede Not bis in den Kreuzestod: Jungfrau, Mutter der Schmerzen.
5. Rosenkranzkönigin, Mutter der Schmerzen! Rühre zum Mitleid auch unsere Herzen. Du nahmst zu unserm Heil an der Erlösung teil: Jungfrau, Mutter der Schmerzen.

Betrachtung:
Mag es auch den Anschein haben, als zeigten uns die Geheimnisse des schmerzhaften Rosenkranzes nicht unmittelbar die Mutter Jesu – mit Ausnahme der beiden letzten: dem Kreuzweg und der Kreuzigung –, dürfen wir dann meinen, die Mutter sei geistlich abwesend gewesen, als ihr Sohn in Getsemani so schrecklich litt, als er gegeißelt und mit Dornen gekrönt wurde?

Auch die Geheimnisse des glorreichen Rosenkranzes sind Geheimnisse Christi, in denen wir Maria geistlich beteiligt finden, allem voran das Geheimnis der Auferstehung. Dort, wo die Heilige Schrift von der Himmelfahrt spricht, erwähnt sie die Anwesenheit Mariens zwar nicht ausdrücklich – aber wie sollte sie nicht zugegen gewesen sein, wenn wir gleich darauf lesen, daß sie sich zusammen mit den Aposteln, die kurz zuvor Christus, als er in den Himmel aufstieg, begleitet hatten, im Abendmahlsaal befand? Gemeinsam mit ihnen bereitet sich Maria auf das Kommen des Heiligen Geistes vor und nimmt zu Pfingsten an dessen Herabkunft teil. Die beiden letzten Geheimnisse des glorreichen Rosenkranzes lenken unser Sinnen unmittelbar auf die Gottesmutter: wir betrachten ihre Aufnahme in den Himmel und ihre Krönung in Herrlichkeit!
Papst Johannes Paul II.

Lied:
6. Rosenkranzkönigin, Jungfrau, verklärte! Strahlend im Glanz, mit dem Christus dich ehrte. Des Heilands Helferin, Gnadenvermittlerin: Jungfrau, glorreich verklärte.
7. Rosenkranzkönigin, Jungfrau, verklärte! Zierde des Himmels und Freude der Erde: Laß uns im Glorienschein mit dir bei Jesus sein: Jungfrau, glorreich verklärte.

Betrachtung:
Der Rosenkranz ist ein Gebet, das Maria in ihrer Verbundenheit mit Christus und seiner Heilssendung schildert. Zugleich ist es ein Gebet an Maria, unsere beste Fürsprecherin bei ihrem Sohn. Schließlich ist der Rosenkranz ein Gebet, das wir in besonderer Weise mit Maria und den Aposteln sprechen, als sie sich auf die Herabkunft des Heiligen Geistes vorbereiteten.
Papst Johannes Paul II.

Aussetzung des Allerheiligsten

Lied:
Das Geheimnis laßt uns künden
(GL Nr. 544, Str. 2)

Gebet:
Allmächtiger Gott, gieße deine Gnade in unsere Herzen ein. Durch die Botschaft des Engels haben wir die Menschwerdung Christi, deines Sohnes erkannt. Höre auf die Fürsprache der seligen Jungfrau Maria, und führe uns durch sein Leiden und Kreuz zur Herrlichkeit der Auferstehung. Darum bitten wir durch ihn, Jesus Christus, unsern Herrn und Gott, der in der Einheit des heiligen Geistes mit dir lebt und herrscht in Ewigkeit. Amen.

Lied:
Das Geheimnis laßt uns künden
(GL Nr. 544, Str. 3 und 4)

Eucharistischer Segen
Wenn kein eucharistischer Segen erteilt werden kann:

Segensbitte:
Der Herr segne uns und beschütze uns; der Herr lasse sein Angesicht über uns leuchten und sei uns gnädig; er wende uns sein Antlitz zu und schenke uns seinen Frieden. Amen.

Lied:
8. Rosenkranzkönigin, Hilfe der Christen! Laß nie den bösen Feind uns überlisten. Mach uns zu jeder Zeit für Christi Dienst bereit: Jungfrau, Hilfe der Christen.

Maria – Trösterin der Betrübten

In der Konstitution des Zweiten Vatikanischen Konzils lesen wir: »Die Mutter Jesu ... leuchtet als Zeichen der sicheren Hoffnung und des Trostes dem wandernden Gottesvolk voran« (Lumen gentium, 68). – Maria, die Mutter des Herrn, wird an vielen Wallfahrtsorten unter dem Titel »Trösterin der Betrübten« verehrt.

Lied:
Meerstern, ich dich grüße
(GL Nr. 578, Str. 1–3)

Gebet:
Jungfrau, Mutter Gottes mein,
laß mich ganz dein eigen sein;
dein im Leben, dein im Tod,
dein in Unglück, Angst und Not,
dein in Kreuz und bitterm Leid,
dein für Zeit und Ewigkeit.
Jungfrau, Mutter Gottes mein,
laß mich ganz dein eigen sein.

Mutter, auf dich hoff und baue ich;
Mutter, zu dir ruf und seufze ich;
Mutter, du gütige, steh mir bei;
Mutter, du mächtige, Schutz mir verleih.

O Mutter, so komm, hilf beten mir;
Mutter, so komm, hilf streiten mir;
Mutter, so komm, hilf leiden mir;
Mutter, so komm und bleib bei mir.

Du kannst mir ja helfen, o Mächtigste;
du willst mir auch helfen, du Gütigste;
du mußt mir auch helfen, du Treueste;
du wirst mir auch helfen, Bamherzigste.

O Mutter der Gnade, der Christen Hort,
du Zuflucht der Sünder, des Heiles Port,
du Hoffnung der Erde, des Himmels Zier,
du Trost der Betrübten, ihr Schutzpanier.

Wer hat je umsonst deine Hilf angefleht.
Wann hast du vergessen ein kindlich Gebet.
Drum ruf ich beharrlich in Kreuz und in Leid:
Maria hilft immer, sie hilft jederzeit.

Ich ruf voll Vertrauen in Leiden und Not:
Maria hilft immer, in jeglicher Not.
So glaub ich und lebe und sterbe darauf;
Maria hilft mir in den Himmel hinauf.

Jungfrau, Mutter Gottes mein,
laß mich ganz dein eigen sein.
Dein im Leben, dein im Tod,
dein in Unglück, Angst und Not,
dein in Kreuz und bittrem Leid,
dein für Zeit und Ewigkeit.
Jungfrau, Mutter Gottes mein,
laß mich ganz dein eigen sein.

Lesung:
Der Herr hat mich gesandt, damit ich alle Trauernden tröste.
Der Geist Gottes, des Herrn, ruht auf mir; denn der Herr hat mich gesalbt.
Er hat mich gesandt, damit ich den Armen eine frohe Botschaft bringe und alle heile, deren Herz zerbrochen ist,

damit ich den Gefangenen die Entlassung verkünde und den Gefesselten die Befreiung,
damit ich ein Gnadenjahr des Herrn ausrufe, einen Tag der Vergeltung unseres Gottes,
damit ich alle Trauernden tröste, die Trauernden Zions erfreue,
ihnen Schmuck bringe anstelle von Schmutz, Freudenöl statt Trauergewand, Jubel statt der Verzweiflung.
Man wird sie »die Eichen der Gerechtigkeit« nennen, »die Pflanzung, durch die der Herr seine Herrlichkeit zeigt«.
Von Herzen will ich mich freuen über den Herrn. Meine Seele soll jubeln über meinen Gott. Denn er kleidet mich in Gewänder des Heils, er hüllt mich in den Mantel der Gerechtigkeit,
wie ein Bräutigam sich festlich schmückt und wie eine Braut ihr Geschmeide anlegt.
Denn wie die Erde die Saat wachsen läßt und der Garten die Pflanzen hervorbringt, so bringt Gott, der Herr, Gerechtigkeit hervor und Ruhm vor allen Völkern.
Jesaja 61,1–3.10–11

Antwortpsalm:
Ihr werdet Wasser schöpfen voll Freude aus den Quellen des Heils.
(R.) – Ihr werdet Wasser schöpfen voll Freude
aus den Quellen des Heils.
Ich danke dir Herr. Du hast mir gezürnt,
doch dein Zorn hat sich gewendet,
und du hast mich getröstet
Ja, Gott ist meine Rettung,
ihm will ich vertrauen und niemals ver
(R.) – Ihr werdet Wasser schöpfen voll
aus den Quellen des Heils.
Meine Stärke und mein Lied ist der Herr.
Er ist für mich zum Retter geworden.
Ihr werdet Wasser schöpfen voll Freude
aus den Quellen des Heils.
(R.) – Ihr werdet Wasser schöpfen voll Freude
aus den Quellen des Heils.

An jenem Tag werdet ihr sagen:
Dankt dem Herrn! Ruft seinen Namen an!
Macht seine Taten unter den Völkern bekannt,
verkündet: Sein Name ist groß und erhaben.
(R.) – Ihr werdet Wasser schöpfen voll Freude
aus den Quellen des Heils.
Preiset den Herrn; denn herrliche Taten hat er vollbracht;
auf der ganzen Erde soll man es wissen.
Jauchzt und jubelt, ihr Bewohner von Zion;
denn groß ist in eurer Mitte der Heilige Israels.
(R.) – Ihr werdet Wasser schöpfen voll Freude
aus den Quellen des Heils.

Schriftlesung:
Ich werde den Vater bitten, und er wird euch einen anderen Beistand geben.
Jesus sprach zu seinen Jüngern:
Wenn ihr mich liebt, werdet ihr meine Gebote halten. Und ich werde den Vater bitten, und er wird euch einen anderen Beistand geben, der für immer bei euch bleibt (…). Ich werde euch nicht als Waisen zurücklassen, sondern ich komme wieder zu euch. (…) Das habe ich zu euch gesagt, während ich noch bei euch bin. Der Beistand aber, der Heilige Geist, den der Vater in meinem Namen senden wird, er wird euch alles lehren und euch an alles erinnern, was ich euch gesagt habe. Frieden hinterlasse ich euch, meinen Frieden gebe ich euch: nicht einen Frieden wie die Welt ihn gibt, gebe ich euch. Euer Herz beunruhige sich nicht und verzage nicht.
Johannes 14,18 ff

Lied:
Meerstern, ich dich grüße
(GL Nr. 578, Str. 4–7)

Gebet:
Gütiger Gott, durch die heilige Jungfrau Maria hast du deinem Volk Jesus Christus als Trost gesandt. Auf ihre Fürsprache tröste uns in aller Not und laß uns selbst unseren Schwestern und Brüdern Trost spenden. Darum bitten wir durch ihn, Jesus Christus, deinen Sohn, unseren Herrn und Gott, der in der Einheit des Heiligen Geistes mit dir lebt und herrscht in alle Ewigkeit. Amen.

Aussetzung des Allerheiligsten

Lied:
Das Geheimnis laßt uns künden
(GL Nr. 544, Str. 1 und 2)

Wir danken dir, Vater im Himmel, und rühmen dich durch unseren Herrn Jesus Christus. Denn du hast Großes getan an der seligen Jungfrau Maria: den Trost der Welt hat sie mit Freuden empfangen und in unversehrter Jungfräulichkeit geboren. Unter dem Kreuz ihres Sohnes hat sie unsäglich gelitten und wurde von dir getröstet mit der Hoffnung, daß er aufersteht. Im Kreis der Apostel hat sie gebetet und mit ihnen den Geist des Trostes und des Friedens innig erfleht und gläubig erwartet. Nun aber ist sie in den Himmel erhoben und tröstet mit mütterlicher Liebe alle, die vertrauensvoll zu ihr flehen. Darum preisen wir dich mit den Chören der Engel und Heiligen und singen vereint mit ihnen das Lob deiner Herrlichkeit.
Präfation der Votivmesse

Lied:
Das Geheimnis laßt uns künden
(GL Nr. 544, Str. 5 und 6)

Eucharistischer Segen
Wenn kein eucharistischer Segen erteilt werden kann:

Segensbitte:

Der Gott und Vater unseres Herrn Jesus Christus, der uns tröstet in jeder Not, segne und lenke unsere Tage in seinem Frieden: Amen.

Er stärke unseren Glauben durch sein Wort und schenke uns die Gnade, nach seinen Geboten zu leben, damit in allem sein Wille geschehe: Amen.

Er lenke unsere Schritte auf den Weg des Friedens; er mache uns beharrlich im Guten und vollende uns in der Liebe: Amen.

Das gewähre uns der gütige Gott, der Vater und der Sohn und der Heilige Geist: Amen.

Schlußlied:

Nun danket all und bringet Ehr
(GL Nr. 266, Str. 1–3)

Maria – Königin des Friedens

Der Dienst der Kirche am Frieden erschöpft sich nicht im Bitten um den Gottesfrieden. Was der Kirche von Gott geschenkt wird, das muß sie auch vor den Menschen bezeugen. Im Gebet wurzelt die geistige und moralische Kraft jener Erneuerung, die die Welt braucht, um entscheidende Schritte zum Frieden zu tun. Friedenswallfahrt und Friedensandacht sind einer Gemeinde von Christen angemessen. Wir bitten Maria, die Mutter des Friedens, um ihre Fürsprache.

Lied:
Sei gegrüßt, o Königin
(GL Nr. 571)

Gebet:
Mit Maria, die den Friedensfürsten geboren hat, wollen wir den Herrn bitten, daß auch wir zum Frieden in dieser Welt beitragen können.

Herr, mache mich zu einem Werkzeug deines Friedens,
daß ich Liebe übe, wo man sich haßt,
daß ich verzeihe, wo man sich beleidigt,
daß ich verbinde, wo Streit ist,
daß ich die Wahrheit sage, wo Irrtum herrscht,
daß ich Hoffnung wecke, wo Verzweiflung quält,
daß ich ein Licht anzünde, wo Finsternis regiert,
daß ich Freude bringe, wo Kummer wohnt.
Herr, laß mich trachten,
nicht daß ich getröstet werde, sondern daß ich tröste,
nicht daß ich verstanden werde, sondern daß ich verstehe,
nicht daß ich geliebt werde, sondern daß ich liebe.
Denn wer hingibt, der empfängt,
wer sich selbst vergißt, der findet,

wer verzeiht, dem wird verziehen,
und wer stirbt, der erwacht zum ewigen Leben.
Souvenir Normand

Schriftlesung:
Dann begann er zu reden und lehrte sie.
Er sagte: Selig, die arm sind vor Gott;
    denn ihnen gehört das Himmelreich.
Selig die Trauernden;
    denn sie werden getröstet werden.
Selig, die keine Gewalt anwenden;
    denn sie werden das Land erben.
Selig, die hungern und dürsten nach der Gerechtigkeit;
    denn sie werden satt werden.
Selig die Barmherzigen;
    denn sie werden Erbarmen finden.
Selig, die ein reines Herz haben;
    denn sie werden Gott schauen.
Selig, die Frieden stiften;
    denn sie werden Söhne Gottes genannt werden.
Selig, die um der Gerechtigkeit willen verfolgt werden;
    denn ihnen gehört das Himmelreich.
Selig seid ihr, wenn ihr um meinetwillen beschimpft und
    verfolgt und auf alle mögliche Weise verleumdet werdet.
Freut euch und jubelt: Euer Lohn im Himmel wird groß sein.
Matthäus 5,2 - 12

Wort des lebendigen Gottes.
A: Dank sei Gott.

Lied:

T: Rüdiger Lüders und Kurt Rommel
Eigentum des Verlages Gustav Bosse, Regensburg
M: Rüdiger Lüders
aus: Gotteslob, Bamberger Diözesanteil

2. Gib uns Freiheit jeden Tag. Laß uns nicht allein.
   Laß für Frieden uns und Freiheit immer tätig sein.
   Denn durch dich, unsern Gott, denn durch dich, unsern Gott,
   sind wir frei in jedem Land. Laß uns nicht allein.

3. Gib uns Freude jeden Tag. Laß uns nicht allein.
   Für die kleinsten Freundlichkeiten laß uns dankbar sein.
   Denn nur du, unser Gott, denn nur du, unser Gott,
   hast uns alle in der Hand. Laß uns nicht allein.

Betrachtung:
Maria, erbitte uns den Frieden
Höre meine Stimme und gewähre der Welt deinen Frieden!
Krieg ist das Werk des Menschen. Krieg bedeutet Zerstörung menschlichen Lebens. Krieg bedeutet Tod. (…) Das Ziel muß immer der Friede sein: Der Friede muß unter allen Umständen angestrebt und bewahrt werden. Wiederholen wir nicht Fehler der Vergangenheit, einer Vergangenheit der Gewalt und Zerstörung! Gehen wir den steilen und schwierigen Pfad des Friedens, den einzigen Weg, der der menschlichen Würde angemessen ist, den einzigen Weg, der zur wahren Erfüllung der menschlichen Bestimmung führt, den einzigen Weg in die Zukunft, in der Gleichheit, Gerechtigkeit und Solidarität Wirklichkeiten und nicht bloß ferne Träume sind (…).
Jedem Menschen in der Welt rufe ich zu: Fühlen wir uns verantwortlich füreinander und für die Zukunft, über alle politischen und gesellschaftlichen Grenzen hinweg! Erziehen wir uns und erziehen wir die anderen im Geist des Friedens! Lassen wir die Menschheit niemals mehr zum Opfer im Kampf zwischen Systemen werden!
Und zum Schöpfer von Natur und Mensch, von Wahrheit und Schönheit bete ich: Höre meine Stimme, denn es ist die Stimme der Opfer aller Kriege und aller Gewalt unter einzelnen Nationen; höre meine Stimme, denn es ist die Stimme aller Kinder, die leiden und leiden werden, wenn Menschen ihr Vertrauen auf Waffen und Krieg setzen; höre meine Stimme, wenn ich dich bitte, den Herzen aller Menschen die Weisheit des Friedens, die Kraft der Gerechtigkeit und die Freude der Gemeinschaft einzugeben, höre meine Stimme, denn ich spreche für die vielen in jedem Land und in jeder Epoche, die den Krieg nicht wollen und bereit sind, die Straße des Friedens zu gehen; höre meine Stimme und gewähre uns Einsicht und Kraft, damit wir immer Haß mit Liebe, Ungerechtigkeit mit voller Hingabe an die Gerechtigkeit, Not mit Selbstverzicht, Krieg mit Frieden beantworten.
O Gott, höre meine Stimme und gewähre der Welt deinen immerwährenden Frieden!
Maria, Königin des Friedens, bitte für uns.
Papst Johannes Paul II.

Aussetzung des Allerheiligsten

Lied:
Das Heil der Welt, Herr Jesus Christ
(GL Nr. 547, Str. 1und 2)

Fürbitten:
V: Maria, Königin des Friedens, dir empfehlen wir unsere friedlose Welt: erbitte uns von Jesus, deinem Sohn, den Frieden mit Gott und den Frieden unter den Menschen.
A: Maria, erbitte uns den Frieden.
V: Erbitte uns den Geist wahrer Demut und laß uns den Frieden höher schätzen als den eigenen Vorteil.
A: Maria, erbitte uns den Frieden.
V: Herr Jesus Christus, du bist unser Friede. Du hast das Entzweite eins gemacht und die Scheidewand, die Feindschaft niedergerissen durch deine Menschwerdung. Wir flehen zu dir: Für die Mächtigen in aller Welt, daß sie die Menschen zu Frieden und Wohlstand führen.
Christus, höre uns.
A: Christus, erhöre uns.
V: Für die Völker und Rassen, daß sie bereit sind, miteinander in Frieden zu leben.
Christus höre uns.
A: Christus, erhöre uns.
V: Für uns selbst, daß wir immer mehr den Frieden Gottes verkünden und uns dafür einsetzen.
Christus, höre uns.
A: Christus, erhöre uns.
V: Lamm Gottes, du nimmst hinweg die Sünde der Welt,
A: Erbarm dich unser
V: Lamm Gottes, du nimmst hinweg die Sünde der Welt,
A: Gib uns deinen Frieden!

Gott unser Vater, erleuchte die Herzen der Menschen, daß die Hoffnung auf den Frieden Christi, den die Welt nicht geben kann, uns stark mache für die Werke des Friedens in dieser Welt.
Laß uns nicht mutlos werden, wenn Streit und Krieg auf der Erde uns immer wieder beunruhigen. Stärke den Glauben an das kommende Reich, damit wir Christus nachfolgen, dem König des Friedens.
Denn uns ist die Güte des Vaters durch seinen Sohn geschenkt. Dich preisen wir in Ewigkeit: Amen.

Lied:
Das Heil der Welt, Herr Jesu Christ
(GL Nr. 547, Str. 3 und 4)

Eucharistischer Segen
Wenn kein eucharistischer Segen erteilt werden kann:

Segensbitte:
Der Herr hat zu seinen Aposteln gesagt: Frieden hinterlasse ich euch, meinen Frieden gebe ich euch.
Deshalb bitten wir: Herr Jesus Christus, schau nicht auf unsere Sünden, sondern auf den Glauben deiner Kirche, und schenke uns nach deinem Willen Einheit und Frieden.
Der Friede des Herrn sei allezeit mit uns.
Laßt uns gehen in Frieden.

Lied:
Im Frieden dein
(GL Nr. 473, Str. 1–3)

Maria – Mutter der Glaubenden

Gott, unser Vater, hat uns seinen Sohn gesandt, damit er uns heimführe. Um dies zu verwirklichen, hat er aus allen Menschen Maria erwählt. Wir verehren sie als wahre Gottesmutter und bekennen so den Glauben an die Menschwerdung seines Sohnes und den Glauben an den Vater, der das Heil aller Menschen will.
Wir beginnen diesen Gottesdienst: Im Namen des Vaters und des Sohnes und des Heiligen Geistes. Amen.

Lied:
Gruß dir, Mutter, in Gottes Herrlichkeit
(GL Nr. 586, Str. 1 und 2)

Gebet: *Mutter der Glaubenden.*
Herr, du hast uns Maria, die Mutter Jesu, als Vorbild des Glaubens und der Hoffnung gegeben. Laß uns stark sein wie sie. In Stunden des Zweifels laß uns an ihrem Beispiel die Kraft finden, alle Dunkelheiten auszuhalten und von neuem das Ja des Glaubens zu sprechen.
Gütiger Gott, in Maria hast du nicht nur deinem Sohn eine leibliche Mutter gegeben. Sie ist auch uns zur Mutter geworden, indem sie uns im Glauben voranging und ihre Treue zu Christus bewiesen hat.
Wir danken dir für diese Frau. Laß uns, wie sie, immer treu zu Christus stehen.
Herr, unser Gott, am Anfang des Glaubens an Christus steht Maria, die erste Christin und Mutter der Glaubenden.
Laß uns auf sie zurückschauen und immer von neuem den Glauben wagen, wenn wir an Christus Anstoß nehmen und Zweifel uns überkommen. Denn nur im Glauben werden wir das Heil erlangen. Darum bitten wir durch unseren Herrn Jesus Christus, deinen Sohn, unsern Herrn und Gott, der in der Einheit des Heiligen Geistes mit dir lebt und herrscht in alle Ewigkeit. Amen.
Hugo Aufderbeck

Lied:
Gruß dir, Mutter, in Gottes Herrlichkeit
(GL Nr. 586, Str. 3 und 4)

Schriftlesung:
Wir hören aus dem Evangelium nach Lukas
Nach einigen Tagen machte sich Maria auf den Weg und eilte in eine Stadt im Bergland von Judäa. Sie ging in das Haus des Zacharias und begrüßte Elisabet. Als Elisabet den Gruß Marias hörte, hüpfte das Kind in ihrem Leib. Da wurde Elisabet vom Heiligen Geist erfüllt und rief mit lauter Stimme: Gesegnet bist du mehr als alle anderen Frauen, und gesegnet ist die Frucht deines Leibes. Wer bin ich, daß die Mutter meines Herrn zu mir kommt? In dem Augenblick, als ich deinen Gruß hörte, hüpfte das Kind vor Freude in meinem Leib. Selig ist, die geglaubt hat, daß sich erfüllt, was der Herr ihr sagen ließ.
(Lukas 1, 39–45)

Lied:
Maria, Mutter unseres Herrn
(GL Nr. 577, Str. 1 und 2)

Besinnung:
In den heiligen Schriften begegnen uns immer wieder Zeugen des Glaubens. Auf das Wort des Herrn hin ließen sie ihre eigenen Pläne fallen wie Mose, verließen Haus, Heimat und Vaterland wie Abraham, stellten sich seiner Botschaft zur Verfügung wie die Propheten. Auch Maria glaubte dem Wort Gottes. Sie ließ Gottes Unbegreiflichkeit an sich geschehen und folgte dem Weg ihres Sohnes bis zum Kreuz. Maria ist unter den Glaubenszeugen die Größte. Wir nennen sie Mutter der Glaubenden.
Elisabet wurde vom Heiligen Geist erfüllt und rief mit lauter Stimme: Gesegnet bist du vor allen Frauen, und gesegnet ist die Frucht deines Leibes.
Selig bist du, weil du geglaubt hast, daß sich erfüllt, was der Herr dir sagen ließ.

Lasset uns beten:
V: Heilige Maria, Mutter Gottes, mit Elisabet rufen wir dir zu: Selig bist du, weil du geglaubt hast.
A: Selig bist du, weil du geglaubt hast.
V: Als der Engel dir die Botschaft brachte, hast du mit bereitem Herzen geantwortet: Ich bin die Magd des Herrn; mir geschehe nach deinem Wort.
A: Selig bist du, weil du geglaubt hast.
V: Als die Hirten von der Krippe gegangen waren, hast du alles bedacht, was sie von der Botschaft der Engel erzählten, und es in deinem Herzen bewahrt.
A: Selig bist du, weil du geglaubt hast.
V: In gläubigem Gehorsam hast du die Mühsal der Flucht nach Ägypten auf dich genommen.
A: Selig bist du, weil du geglaubt hast.
V: Die Jünger haben den Herrn in der Nacht des Leidens verlassen. Allein Johannes stand mit dir und den Frauen unter dem Kreuz.
A: Selig bist du, weil du geglaubt hast.
V: Nach der Auferstehung und Himmelfahrt des Herrn hast du mit den Aposteln im Gebet verharrt, bis der Geist Gottes der Kirche geschenkt wurde.
A: Selig bist du, weil du geglaubt hast.
V: Gott, unser Vater, wir danken dir für alle Menschen, die durch das Zeugnis ihres Glaubens unseren Glauben begründet haben und stärken. Wir danken dir vor allem für Maria, die Mutter der Glaubenden. Wir bitten dich: auf ihre Fürsprache festige und erhalte in uns den Glauben an deine Weisheit und Güte, durch Jesus Christus im Heiligen Geist. Amen.

Lied:
Maria, Mutter unsres Herrn
(GL Nr. 577, Str. 3 und 4)

Besinnung:
Heilige Mutter, hilf uns, dir ähnlich zu werden,
der reinen Magd.
Hilf uns, zu glauben wie du,
die du den Glauben hattest, ohne zu zweifeln,
als dir der Engel von Gott die Botschaft brachte.
Hilf uns, geduldig zu sein wie du,
die du nach Betlehem zogst
und in einem Stall den Erlöser der Welt gebarst.
Hilf uns, ein inneres Leben zu führen wie du,
die du alles, was du von Jesus gesehen
und gehört hast, in deinem Herzen erwogst.
Hilf uns, starkmütig zu sein wie du,
als deine Seele ein Schwert durchdrang.
Hilf uns, zu entsagen wie du,
da du den göttlichen Sohn
zu seinem Werk von dir gehen ließest
und ihn sterben sahst, ohne zu murren.
O heilige Mutter,
unsere Hoffnung in der Pilgerschaft,
führe uns, wie du uns bis jetzt geführt hast,
aus dieser dunklen Nacht,
du reines Licht, führe uns, bis wir zu Jesus kommen.
Kardinal Newman

Aussetzung des Allerheiligsten

Lied:
Sakrament der Liebe Gottes
(GL Nr. 542, Str. 1)

Gebet:
Gott, du bist es, an den wir glauben. Du hast gesprochen durch deinen Sohn, der hier im Sakrament unter uns gegenwärtig ist. Maria hat uns gezeigt, wie wir Menschen im Glauben auf deinen Anruf ant-

worten sollen. Hilf uns, dich in allem zu finden und immer mehr aus dem Glauben zu leben. Darum bitten wir durch Jesus Christus, deinen Sohn, unsern Herrn und Gott, der in der Einheit des Heiligen Geistes mit dir lebt und herrscht in alle Ewigkeit. Amen.

Lied:
Sakrament der Liebe Gottes
(GL Nr. 542, Str. 2)

Eucharistischer Segen
Wenn kein eucharistischer Segen erteilt werden kann:

Segensbitte:
Wir bitten um Gottes Segen:
Der allmächtige Gott gewähre uns Segen und Heil; er offenbare uns die Wege seiner Weisheit.
A: Amen.
   Er stärke unseren Glauben durch sein Wort und schenke uns die Gnade, nach seinen Geboten zu leben, damit in allem sein Wille geschehe.
A: Amen.
   Er lenke unsere Schritte auf den Weg des Friedens; er mache uns beharrlich im Guten und vollende uns in der Liebe.
A: Amen.
   Das gewähre uns der dreieinige Gott, der Vater und der Sohn und der Heilige Geist.
A: Amen

Lied:
Salve, Regina
(GL Nr. 570)

Maria – Mutter der Kirche

Wir sind nun versammelt und grüßen besonders Maria, die Mutter der Kirche. Möge sie uns die Einheit und den Frieden bei ihrem Sohn erflehen. So beginnen wir: Im Namen des Vaters und des Sohnes und des Heiligen Geistes. Amen.

Lied:
Gegrüßet seist du, Königin
(GL Nr. 573, Str. 1–3)

Gebet:
Sei gegrüßt, Frau und Königin,
heilige Gottesmutter Maria!
Du bist die Jungfrau, Bild der Kirche,
erwählt vom Vater im Himmel,
geheiligt von seinem geliebten Sohn
und seinem Geist, dem Tröster.
In dir war und bleibt die Fülle der Gnade
und alles, was gut ist.
Sei gegrüßt, du sein Palast.
Sei gegrüßt, du sein Zelt.
Sei gegrüßt, du seine Wohnung.
Sei gegrüßt, du sein Gewand.
Sei gegrüßt, du seine Magd.
sei gegrüßt, du seine Mutter.
Franz von Assisi

Lied:
Gegrüßet seist du, Königin
(GL Nr. 573, Str. 4–6)

Schriftlesung:

Dann kehrten sie nach Jerusalem zurück von dem Berge, der Ölberg heißt und nahe bei Jerusalem liegt, einen Sabbatweg entfernt. Und als sie hinkamen, stiegen sie in das Obergemach hinauf, wo sie sich ständig aufhielten: Petrus und Johannes, Jakobus und Andreas, Philippus und Thomas, Bartholomäus und Matthäus, Jakobus, der Sohn des Alphäus, Simon der Eiferer und Judas, der Sohn des Jakobus. Diese alle verharrten einmütig im Gebet mit den Frauen und Maria, der Mutter Jesu, und mit seinen Brüdern.
Apostelgeschichte 1,12–14

Lied:
Dank sei dir, Vater
(GL Nr. 634, Str. 1–3)

Besinnung:

Maria, du warst im Abendmahlsaal zugegen, als die Kirche durch die Herabkunft des Heiligen Geistes auf die Apostel sich offen kundgetan hat. Ich vertraue dir heute vor allem die Kirche an, die seit vielen Jahrhunderten in unserem Land besteht und eine große Glaubensgemeinschaft bildet inmitten der Völker, die dieselbe Sprache sprechen. Dir, Mutter, empfehle ich die gesamte Geschichte dieser Kirche und ihre Aufgaben in der heutigen Welt: ihre vielfältigen Initiativen und ihren unermüdlichen Dienst für alle Landsleute in ihrem Vaterland, wie auch für so viele Gemeinschaften und Kirchen in aller Welt, denen die Christen Deutschlands so bereitwillig und hochherzig Hilfe leisten… Wie sehr ist mein Weg durch die deutschen Lande mit der drängenden und demütigen Sehnsucht nach Einheit unter den Christen verbunden, die seit dem 16. Jahrhundert getrennt sind. Kann einer inniger als du wünschen, daß sich das Gebet Christi im Abendmahlssaal erfülle: Vater, alle sollen eins sein? Und wenn wir selbst bekennen müssen, mitschuldig an der Spaltung geworden zu sein, und heute um eine neue Einheit in der Liebe und Wahrheit beten, dürfen wir dann nicht hoffen, daß du, Mutter Christi, zusammen mit uns

betest? Dürfen wir nicht hoffen, daß die Frucht dieses Gebetes zur gegebenen Zeit einmal das Geschenk jener »Gemeinschaft des Heiligen Geistes« sein wird, die unerläßlich ist, »damit die Welt glaubt«?
Johannes Paul II.

Lied:
Dank sei dir Vater
GL Nr. 634, Str. 4–6)

Fürbitten:
Lasset uns beten:
Maria wurde von Gott in überreicher Fülle beschenkt.
Sie wird allen helfen, die sie darum bitten. Laßt uns zu ihr rufen:
V: Muttergottes, beschenke uns.
A: Muttergottes, beschenke uns.
V: Die Kirche deines Sohnes muß ihre Armseligkeit eingestehen. Laß uns Wege zur Einheit finden.
A: Muttergottes, beschenke uns.
V: So viele Menschen verschließen voreinander Herz und Hände. Laß sie durch unsere tätige Liebe wieder zu dir finden.
A: Muttergottes, beschenke uns.
V: Viele Menschen sind gezeichnet durch die Not des Leibes und der Seele. Gehe ihnen nach in der Einsamkeit ihres Leidens und beschenke sie mit Zuversicht.
A: Muttergottes, beschenke uns.
V: Viele warten noch auf deine Frohbotschaft. Rufe viele Menschen in deinen Dienst, damit sie dein Reich in aller Welt verkünden.
A: Muttergottes, beschenke uns.
V: Unsere Verstorbenen sehnen sich nach der überreichen Fülle des ewigen Heiles. Laß uns die Macht deiner Fürsprache erfahren.
A: Muttergottes, beschenke uns.
V: Guter Gott! Du hast Maria auserwählt unter allen Menschen, damit in ihrer Gnadenfülle die ganze Schöpfung beschenkt werde. Laß sie deine Gnaden unter uns austeilen, damit das Wort Gottes in unserem Leben Gestalt annimmt und alle Welt zu deinem Ruhme gerettet wird. Amen.

Aussetzung des Allerheiligsten

Lied:
Das Heil der Welt
(GL Nr. 547, Str. 1 und 2)

Gebet:
Gütiger Gott und Herr, in der Jungfrau Maria hast du uns eine Fürsprecherin geschenkt. Gib uns die Gnade, deinen Willen zu erkennen und danach zu leben. Schenke durch Maria unserer Kirche Einheit und Frieden. Das erbitten wir durch Jesus, unseren Bruder, der in der Einheit des Heiligen Geistes mit dir lebt und herrscht in Ewigkeit. Amen.

Lied:
Das Heil der Welt
(GL Nr. 547, Str. 3 und 4)

Gebet:
Herr, erwecke deine Kirche
und fange bei mir an.
Herr, baue deine Gemeinde
und fange bei mir an.
Herr, laß Frieden
überall auf Erden kommen
und fange bei mir an.
Herr, bring deine Liebe und Wahrheit
zu allen Menschen
und fange bei mir an.

Eucharistischer Segen
Wenn kein eucharistischer Segen erteilt werden kann:

Segensbitte:
V: Wir bitten um Gottes Segen.
   Es segne uns der allmächtige Gott durch Jesus Christus, den Sohn der Jungfrau Maria.
A: Amen.
V: Sie hat den Urheber des Lebens geboren. Ihre mütterliche Fürsorge begleite uns auf allen unseren Wegen.
A: Amen.
V: Zu ihrem Gedenken haben wir uns versammelt. Durch ihre Fürsprache schenke uns frohe Bereitschaft und brüderliche Liebe.
A: Amen.
V: So segne uns der dreieinige Gott, der Vater und der Sohn und der Heilige Geist.
A: Amen.

Schlußlied:
Ich steh vor dir mit leeren Händen
(GL Nr. 621, Str. 1 – 3)

Maria – Mutter aller Menschen

Beim 2. Vatikanischen Konzil erklärte Papst Paul VI. die heilige Maria zur »Mutter der Kirche, des ganzen christlichen Volkes, der Gläubigen und der Hirten«. In dieser Andacht sind auch (Christus-)Gebete aus verschiedenen Nationen und Völkern eingebunden. Denn wenn wir des Sohnes gedenken, ehren wir dadurch auch seine Mutter.

Lied:

T: Alois Albrecht 1977
M: Peter Janssens 1977
Aus: Gotteslob; Bamberger Diözesanteil

Ei - nes Ta - ges kam ei - ner, der hat - te ei - nen Zau - ber in sei - ner Stim - me, ei - ne Wär - me in sei - nen Wor - ten, ei - nen Char - me in sei - ner Bot - schaft.

2. Eines Tages kam einer,
der hatte eine Freude in seinen Augen,
eine Freiheit in seinem Handeln,
eine Zukunft in seinen Zeichen.

3. Eines Tages kam einer,
der hatte eine Hoffnung in seinen Wundern,
eine Kraft in seinem Wesen,
eine Offenheit in seinem Herzen.

Gebet:
Mutter der Betrogenen, Verratenen, Eingekerkerten, Geschlagenen, Erschossenen; der Arbeiter, Bauern, Studenten; der Wahrheitsliebenden, Unbestechlichen, Verzweifelten – bitte für uns.
Durch die Hoffnung von Millionen Menschen gib uns allen Leben in Frieden und Wahrheit.
Litanei der »Solidarität«; Polen

Antwortpsalm:
(Judit 13,18 und 20b)
Du bist der Ruhm unseres Volkes.
(R.) – Du bist der Ruhm unseres Volkes.
Gesegnet bist du, meine Tochter, von Gott, dem Allerhöchsten,
mehr als alle anderen Frauen auf der Erde.
Gepriesen sei der Herr, unser Gott,
der Himmel und Erde geschaffen hat.
(R.) – Du bist der Ruhm unseres Volkes.
Die Erinnerung an dein Vertrauen
soll in Ewigkeit nicht aus den Herzen der Menschen entschwinden,
die sich an die Macht Gottes erinnern.
In der Not unseres Volkes hast du dein Leben nicht geschont,
du bist vor unserem Gott auf geradem Weg gegangen.
(R.) – Du bist der Ruhm unseres Volkes.

Lied:

4. Eines Tages kam einer,
    der hatte eine Liebe in seinen Gesten,
    eine Güte in seinen Küssen,
    eine Brüderlichkeit in seinen Umarmungen.

5. Eines Tages kam einer,
    der hatte einen Geist in seinen Taten,
    eine Treue in seinen Leiden,
    einen Sinn in seinem Sterben.

6. Eines Tages kam einer,
    der hatte einen Schatz in seinem Himmel,
    ein Leben in seinem Tode,
    eine Auferstehung in seinem Grabe.

Gebet:

Heilige Maria, du Gefährtin der Armen Gottes auf ihrer Pilgerschaft, Prophetin der befreiten Armen, Mutter der Dritten Welt, Mutter aller Menschen dieser Welt, weil du die Mutter des menschgewordenen Gottes bist. Bitte ihn, der sich arm gemacht hat, daß seine Kirche sich aller anderen Reichtümer entäußere. Bitte ihn, daß uns der Hunger und Durst nach jener Gerechtigkeit verzehrt, die arm macht und erlöst. Bitte ihn, der als Auferstandener mit dem Vater vereint lebt, daß er uns die befreiende Kraft des Heiligen Geistes schenkt und lehre uns, das Evangelium Jesu in aller Aufrichtigkeit zu lesen und es mit all seinen umstürzenden Konsequenzen in unser Leben zu übertragen. Durch Jesus Christus, deinen Sohn, der zugleich Sohn Gottes und unser Bruder ist. Amen.
Bischof Pedro Casaldáliga

Lied:

T: Cordula Wöhler 1870;
M: Karl Kindsmüller, Regensburg
Aus: Gotteslob, Bamberger Diözesanteil

2. Segne du, Maria, alle, die mir lieb,
deinen Muttersegen ihnen täglich gib!
Deine Mutterhände breit auf alle aus,
segne alle Herzen, segne jedes Haus!
Segne alle Herzen, segne jedes Haus!

Du erstaunst mich, Gott!
Du erstaunst mich, Gott, erfüllst mich mit Bewunderung.
Wenn ich auf eine Kobra trete, beißt sie mich.
Wenn ich eine Biene berühre, sticht sie mich.
Wenn ich eine Wespe reize, wird sie nicht mit mir spielen.
Ein stechendes Insekt zertrete ich.
Eine Schlange, die zu nahe kommt, töte ich.
Eine Ameise, die sticht, lasse ich nicht leben.
Aber wenn wir dich beißen, schlägst du uns nicht weg,
    noch zertrittst du uns.
Du bläst Kühlung auf uns, wenn wir dich beißen.
Du hegst uns bei allen Wunden, die entstehen, wenn wir dich beißen.
Du erstaunst mich, Gott, verwunderst mich.
Wenn ich es wäre, würde ich die Welt zerstören.
Dschazuli
Nordafrikanischer Mystiker, (1415)

Lied:
3. Segne du, Maria, jeden der da ringt,
   der in Angst und Schmerzen dir ein Ave bringt.
   Reich ihm deine Hände, daß er nicht erliegt,
   daß er mutig streite, daß er endlich siegt!
   Daß er mutig streite, daß er endlich siegt!

Gebet:
Herr Jesus Christus,
der du von einer hebräischen Mutter geboren,
aber voll Freude warst über den Glauben einer syrischen Frau und
eines römischen Soldaten;
der du die Griechen, die dich suchten,
freundlich aufgenommen hast
und zuließest, daß ein Afrikaner dein Kreuz trug –
hilf uns, Menschen aller Rassen und Nationalitäten,
aller Farben und Schichten
als Miterben in dein Reich zu bringen.
Aus Südafrika

Zum Bedenken:
Eines Abends spät merkte ein armer Bauer auf dem Heimweg vom Markt, daß er sein Gebetbuch nicht bei sich hatte. Da ging mitten im Wald ein Rad seines Karrens entzwei, und es betrübte ihn, daß dieser Tag vergehen sollte, ohne daß er seine Gebete verrichtet hatte.
Also betete er: »Ich habe etwas sehr Dummes getan, Herr. Ich bin heute früh ohne mein Gebetbuch von zu Hause fortgegangen, und mein Gedächtnis ist so schlecht, daß ich kein einziges Gebet auswendig sprechen kann. Deshalb werde ich dies tun: ich werde fünfmal langsam das ganze ABC aufsagen, und du, der du alle Gebete kennst, kannst die Buchstaben zusammensetzen und daraus die Gebete machen, an die ich mich nicht erinnern kann.«
Und der Herr sagte zu seinen Engeln: »Von allen Gebeten, die ich heute gehört habe, ist dieses ohne Zweifel das beste, weil es aus einem einfachen und ehrlichen Herzen kam.«
Anthony de Mello

Aussetzung des Allerheiligsten:

Lied:
Nun singe Lob, du Christenheit
(GL Nr. 638, Str. 1 und 2)

Gebet:
In Wahrheit ist es würdig und recht,
dir, allmächtiger Vater, zu danken
und dein Erbarmen zu preisen.
Denn in deiner unendlichen Güte hast du der jungfräulichen Kirche
die Jungfrau Maria geschenkt als Vorbild
dir wohlgefälliger Verehrung:
Hörend hat sie dein Wort vernommen, es mit Freude empfangen,
aufgenommen in ihr Herz und schweigend erwogen.
Betend pries die Jungfrau in ihrem Lobgesang dein Erbarmen, zu
Kana bat sie besorgt für Bräutigam und Braut und war
mit den Aposteln einmütig im Gebet versammelt.

Gebärend schenkte uns die Jungfrau in der Kraft des Heiligen Geistes
deinen Sohn; unter dem Kreuz trat sie hervor als Mutter
für das Volk des Neuen Bundes.
Opfernd stellte sie dir im Tempel den Erstgeborenen dar,
und als er sich hingab am Holz des Lebens, nahm sie innig Anteil
an seinem Opfer.
Wachend erwartete die Jungfrau die Auferstehung des Sohnes
und harrte gläubig auf die Herabkunft des Heiligen Geistes.
Darum rühmen dich deine Erlösten und singen mit den Chören
der Engel das Lob deiner Herrlichkeit.
Präfation der Marienmesse

Lied:
Nun singe Lob, du Christenheit
(GL Nr. 638, Str. 4 und 5)

Eucharistischer Segen
Wenn kein eucharistischer Segen erteilt werden kann:

Segensbitte:
Gott, der allmächtige Vater, segne uns durch den Erlöser der Welt,
unseren Herrn Jesus Christus, den Sohn der jungfräulichen Mutter
Maria: Amen.
Er hat sie zur Mutter aller Menschen erhoben; ihre Fürsprache erwirke uns Gottes Hilfe: Amen.
Allen, die voll Zuversicht auf sie schauen, schenke Gott die wahre
Freude und den ewigen Lohn: Amen.
Das gewähre uns der dreieinige Gott, der Vater und der Sohn und der
Heilige Geist: Amen.

Lied:
Gruß dir, Mutter, in Gottes Herrlichkeit
(GL Nr. 586, Str. 1–4)

Maria – Hoffnung der Suchenden

Der Mensch sucht sein ganzes Leben lang. Licht und Ausblick kann uns Maria geben, die auch so oft nach dem Warum und Wieso gefragt hat in ihrem Leben. Wie oft suchte sie ihren Sohn und versuchte sie, ihn zu verstehen.

Lied:
Ave Maria zart
(GL Nr. 583, Str. 1 und 2)

Besinnung:
Alle Menschen fragen und suchen nach dem Sinn des Daseins. Sie fühlen sich ausgesetzt in ein Leben, das angesichts von Leid und Tod scheinbar sinnlos ist. Uns geht es nicht anders.
Christus, höre uns. – A Christus, erhöre uns.
Wir leben mit der Botschaft vom Leben. Dieses Geschenk Gottes kann uns Antwort sein. Der Widersinn des Leidens und Sterbens Jesu Christi ermöglicht uns Lebenssinn über den Tod hinaus. Möge dieser Glaube uns lebenslang tragen.
Christus, höre uns. – A Christus, erhöre uns.
Wir glauben nicht allein. Gemeinsam sind wir Menschen auf dem Weg. Umwege, Irrwege, Sackgassen werden uns nicht erspart bleiben. Aber wir vertrauen auf die helfende Hand Gottes, die den Menschen nicht verläßt, auch nicht im Sterben und Tod. So wissen wir uns verpflichtet, den Sinn des Lebens immer neu zu entdecken und das Leben selbst immer neu zu wagen.
Christus, höre uns. – A Christus, erhöre uns.
Werner Schaube

Gebet:
Gedenke, gütigste Jungfrau Maria, es ist noch nie erhört worden, daß jemand, der zu dir seine Zuflucht genommen, deine Hilfe angerufen, um deine Fürbitte gefleht, von dir sei verlassen worden. Von solchem Vertrauen beseelt, nehme ich meine Zuflucht zu dir, Mutter, Jungfrau der Jungfrauen. Zu dir komme ich, vor dir stehe ich seufzend als Sünder. Mutter des ewigen Wortes, verschmähe nicht meine Worte, sondern höre mich gnädig an und erhöre mich. Amen.
Memorare des hl. Bernhard

Lied:
Ave Maria zart
(GL Nr. 583, Str. 3 und 4)

Schriftlesung:
Als Jesus zwölf Jahre alt geworden war, zog er mit seinen Eltern wieder hinauf nach Jerusalem, wie es dem Festbrauch entsprach.
Nachdem die Festtage zu Ende waren, machten sie sich auf den Heimweg. Der junge Jesus aber blieb in Jerusalem, ohne daß seine Eltern es merkten. Sie meinten, er sei irgendwo in der Pilgergruppe, und reisten eine Tagesstrecke weit; dann suchten sie ihn bei den Verwandten und Bekannten. Als sie ihn nicht fanden, kehrten sie nach Jerusalem zurück und suchten ihn dort. Nach drei Tagen fanden sie ihn im Tempel; er saß mitten unter den Lehrern, hörte ihnen zu und stellte Fragen. Alle, die ihn hörten, waren erstaunt über sein Verständnis und über seine Antworten. Als seine Eltern ihn sahen, waren sie sehr betroffen, und seine Mutter sagte zu ihm: Kind, wie konntest du uns das antun? Dein Vater und ich haben dich voll Angst gesucht. Da sagte er zu ihnen: Warum habt ihr mich gesucht? Wußtet ihr nicht, daß ich in dem sein muß, was meinem Vater gehört? Doch sie verstanden nicht, was er damit sagen wollte. Dann kehrte er mit ihnen nach Nazaret zurück und war ihnen gehorsam.
Seine Mutter aber bewahrte alles, was geschehen war, in ihrem Herzen.
Lukas 2,42–51

Zur Besinnung:
Viele Menschen haben einander verloren, haben den Sinn ihres Lebens verloren, haben Gott verloren und wissen nicht, wo sie ihn suchen sollen. Doch wir sollten uns nicht einem stummen, tatenlosen oder gar verzweifelten Schmerz hingeben.
Maria, hilf, daß die Menschen deinen Sohn suchen und finden.

Du Vorbild der Glaubenden,
bitte für uns.
Du Trost der Betrübten.
Du Schwester aller, die an Christus glauben.
Du Schwester aller, die sein Wort bewahren.
Du Schwester aller, die ihn verlieren.
Du Schwester aller, die ihn nicht mehr verstehen.
Du Schwester aller, die ihm dennoch folgen.
Du Schwester aller, die ihn suchen.
Du Mutter aller, die dem unbegreiflichen Gott dienen.
Du Mutter aller, die wider alle Hoffnung hoffen.
Du Mutter aller, die tun, was er ihnen sagt.
Du Mutter aller, die ihn voll Vertrauen bitten.
Du Mutter aller, die unter dem Kreuz aushalten.

Lied:
Christi Mutter stand mit Schmerzen
(GL Nr. 584, Str. 1 und 2)

Gebet:
Herr, ich habe dich um Kraft gebeten, um Erfolg zu haben.
Du hast mich schwach werden lassen, damit ich gehorchen lerne.
Ich habe Dich um Gesundheit gebeten, um große Dinge zu tun.
Ich habe die Krankheit erhalten, um Besseres zu tun.
Ich habe Dich um Reichtum gebeten, um glücklich zu sein.
Ich habe Armut erhalten, um weise zu sein.
Ich habe Dich um Macht gebeten, um von den Menschen geschätzt zu werden.
Ich habe Ohnmacht erhalten, um Verlangen nach Dir zu spüren.

Ich habe Dich um Freundschaft gebeten, um nicht allein leben zu
 müssen.
Du hast mir ein Herz gegeben, um all meine Brüder zu lieben.
Ich habe nichts gehabt von dem, was ich erbeten hatte.
Ich habe alles gehabt, was ich erhofft hatte.
Fast gegen meinen Willen sind meine Gebete erhört worden.
Ich bin der am meisten beschenkte Mensch.
Aus einem Altersheim in New York

Aussetzung des Allerheiligsten

Lied:
Wohl denen, die da wandeln
(GL Nr. 614, Str. 1)

Gebet:
Herr und Gott, du kennst uns, du siehst unser Ringen, unser Suchen und unser Versagen, du weißt aber auch um unseren Willen und unser Bemühen. Wir hoffen auf deine Güte und deine Barmherzigkeit; denn Heilung und Erlösung gibt es nur als ein Geschenk aus deiner Hand. Darum bitten wir dich, zeige den Suchenden das Ziel, und laß uns dich finden. Laß uns mit Maria auf dem Weg des Heiles dir folgen. Sie, die Mutter aller Gnade, möge uns deine Barmherzigkeit erflehen, daß wir mit ihr zu dir gelangen. Darum bitten wir durch Jesus Christus, deinen Sohn, unsern Herrn und Gott, der in der Einheit des Heiligen Geistes mit dir lebt und herrscht in alle Ewigkeit. Amen.

Lied:
Wohl denen, die da wandeln
(GL Nr. 614, Str. 2 und 3)

Eucharistischer Segen
Wenn kein eucharistischer Segen erteilt werden kann:

Segensbitte:

Strecke aus deine Rechte, Herr, unser Gott, und hilf deinen Gläubigen, damit sie dich von ganzem Herzen suchen und von dir alles erlangen, was sie im Einklang mit deinem Willen erflehen. Darum bitten wir durch Christus unseren Herrn. Amen.

Und der Segen des allmächtigen Gottes, des Vaters und des Sohnes und des Heiligen Geistes komme auf uns herab und bleibe bei uns allezeit. Amen.

Lied:

T. und M: Dieter Trautwein
Gotteslob, Bamberger Diözesanteil.

1. Komm, Herr, seg - ne uns,
   daß wir uns nicht tren - nen,
   son - dern ü - ber - all
   uns zu dir be - ken - nen.
   Nie sind wir al - lein, stets sind wir die Dei - nen.
   La - chen o - der Wei - nen wird ge - seg - net sein.

2. Keiner kann allein Segen sich bewahren.
   Weil du reichlich gibst, müssen wir nicht sparen.
   Segen kann gedeihn, wo wir alles teilen,
   schlimmen Schaden heilen, lieben und verzeihn.

3. Frieden gabst du schon, Frieden muß noch werden
   wie du ihn versprichst uns zum Wohl auf Erden.
   Hilf, daß wir ihn tun, wo wir ihn erspähen –
   die nur Tränen säen, werden in ihm ruhn.

Maria – Heil der Kranken

Marienandacht für Kranke und ältere Menschen

Ältere Menschen haben noch eine gute und gesunde Frömmigkeit, aber auch im Laufe ihres Lebens einen bestimmten Stil des Betens liebgewonnen. Sie wollen nicht so viel zum Beten vorgesetzt bekommen, bei dem sie immer mitdenken müssen. Sie lieben mehr das »wiederholende« Gebet. Das sollte man auch bei diesen Andachten bedenken und sie nicht überfordern oder aus ihrem »liebgewordenen Beten« herausreißen.

Lied:
Maria, breit den Mantel aus
(GL Nr. 595, Str. 1–3)

Einführung:
In der Lauretanischen Litanei wird Maria »Heil der Kranken« genannt. Es gibt viele Gnadenbilder und Wallfahrtsstätten, an denen Maria unter diesem Namen angerufen und verehrt wird. Viele Menschen fahren nach Lourdes zu den Krankensegnungen, und viele wenden sich in ihrer Not an Maria. Nicht alle finden Heilung, aber die meisten finden Kraft und Trost.

Gebet:
Mutter des Herrn, du warst wie kein anderer Mensch im Leiden mit Christus verbunden. Gib uns die Kraft, das Leid anzunehmen, wie du es angenommen hast. Hilf uns, den Sinn des Leidens zu verstehen, und schenke uns die Einsicht, in der rechten Weise um Heilung zu bitten, durch Christus, unsern Herrn. Amen.

Lesung:

Alles hat seine Stunde. Für jedes Geschehen unter dem Himmel gibt es eine bestimmte Zeit:
eine Zeit zum Gebären und eine Zeit zum Sterben,
eine Zeit zum Pflanzen und eine Zeit zum Abernten der Pflanzen,
eine Zeit zum Töten und eine Zeit zum Heilen,
eine Zeit zum Niederreißen und eine Zeit zum Bauen,
eine Zeit zum Weinen und eine Zeit zum Lachen,
eine Zeit für die Klage und eine Zeit für den Tanz,
eine Zeit zum Steinewerfen und eine Zeit zum Steinesammeln,
eine Zeit zum Umarmen und eine Zeit, die Umarmung zu lösen,
eine Zeit zum Suchen und eine Zeit zum Verlieren,
eine Zeit zum Behalten und eine Zeit zum Wegwerfen,
eine Zeit zum Zerreißen und eine Zeit zum Zusammennähen,
eine Zeit zum Schweigen und eine Zeit zum Reden,
eine Zeit zum Lieben und eine Zeit zum Hassen,
eine Zeit für den Krieg und eine Zeit für den Frieden.
Wenn jemand etwas tut – welchen Vorteil hat er davon, daß er sich anstrengt?
Ich hatte erkannt: Es gibt kein in allem Tun gründendes Glück, es sei denn, ein jeder freut sich, und so verschafft er sich Glück, während er noch lebt,
Jetzt erkannte ich: Alles, was Gott tut, geschieht in Ewigkeit.
Kohelet 3,1ff

Lied:

Christi Mutter stand mit Schmerzen
(GL Nr. 584, Str. 1 und 2)

Evangelium:

Da brachte man einen Gelähmten zu Jesus; er wurde von vier Männern getragen. Weil sie ihn aber wegen der vielen Leute nicht bis zu Jesus bringen konnten, deckten sie dort, wo Jesus war, das Dach ab, schlugen die Decke durch und ließen den Gelähmten auf seiner Tragbahre durch die Öffnung hinab.

Als Jesus ihren Glauben sah, sagte er zu dem Gelähmten:
Mein Sohn, deine Sünden sind dir vergeben!
Einige Schriftgelehrte aber, die dort saßen, dachten im stillen:
Wie kann dieser Mensch so reden? Er lästert Gott.
Wer kann Sünden vergeben außer Gott allein. –
Jesus erkannte sofort, was sie dachten, und sagte zu ihnen:
Was für Gedanken habt ihr im Herzen?
Ist es leichter, zu dem Gelähmten zu sagen:
Deine Sünden sind dir vergeben!,
oder zu sagen: Steh auf, nimm deine Tragbahre, und geh umher?
Ihr sollt aber erkennen, daß der Menschensohn die Vollmacht hat, hier auf der Erde Sünden zu vergeben.
Und er sagte zu dem Gelähmten:
Ich sage dir: Steh auf, nimm deine Tragbahre, und geh nach Hause!
Der Mann stand sofort auf, nahm seine Tragbahre und ging vor aller Augen weg.
Da gerieten alle außer sich; sie priesen Gott und sagten:
So etwas haben wir noch nie gesehen.
Markus 2,3–12

Aussetzung des Allerheiligsten

Lied:
Gottheit tief verborgen
(GL Nr. 546, Str. 1 und 2)

Litanei:
Jesus, du Heiland der Welt.
A: Erbarme dich unser.
Jesus, du Tröster aller, die in Not sind.
Jesus, der du den Blinden das Augenlicht wieder geschenkt hast.
Jesus, der du den Tauben das Gehör gegeben hast.
Jesus, der du die Aussätzigen gereinigt hast.
Jesus, der du den Knecht des Hauptmannes durch ein Wort geheilt hast.

Jesus, der du zu dem Gelähmten gesagt hast: steh auf, nimm dein Bett und geh nach Hause.
Jesus, der du den todkranken Ezechias auf sein Gebet hin gesund gemacht hast.
Jesus, der du den toten jungen Mann zu Naim seiner Mutter wiedergegeben hast.
Jesus, der du die Schwiegermutter des Petrus vom Fieber befreit hast.
Jesus, der du die Frau, die den Saum deines Gewandes berührte, geheilt hast.

Fürbitten:
Daß du uns Gesundheit des Leibes und der Seele schenken wollest.
A: Wir bitten dich, erhöre uns.
Daß du uns ein starkes Vertrauen in deine Güte und Vorsehung geben wollest.
Daß du uns Stärkung und Trost in Krankheit und Leid spenden wollest.
Daß du uns in der Stunde des Todes beistehen wollest.
Daß du uns einst eine ewige Wohnung bei dir bereiten wollest.

Gebet:
Vater im Himmel, ich bitte weder um Gesundheit noch um Krankheit, weder um Leben noch um Tod, sondern darum, daß du über meine Gesundheit und meine Krankheit, über mein Leben und meinen Tod verfügst zu deiner Ehre und zu meinem Heil. Du allein weißt, was mir dienlich ist. Du allein bist der Herr. Tue, was du willst. Gib mir, nimm mir, aber mache meinen Willen dem deinen gleich, daß ich in demütiger, vollkommener Unterwerfung und heiligem Vertrauen deine Befehle empfange.
Blaise Pascal

Lied:
Gottheit tief verborgen,
(GL Nr. 546, Str. 3 und 4)

Gebet:
Nun läßt du, Herr, deinen Knecht, wie du gesagt hast, in Frieden scheiden. Denn meine Augen haben das Heil geschaut, das du vor allen Völkern bereitet hast, ein Licht, das die Heiden erleuchtet, und Herrlichkeit für dein Volk Israel.

Lasset uns beten:
Herr Jesus Christus, im wunderbaren Sakrament des Altares hast du uns das Gedächtnis deines Leidens und deiner Auferstehung hinterlassen. Gib uns die Gnade, die heiligen Geheimnisse deines Leibes und Blutes so zu verehren, daß uns die Frucht der Erlösung zuteil wird. Der du lebst und herrschst in Ewigkeit.
A: Amen.

Eucharistischer Segen
Wenn kein eucharistischer Segen erteilt werden kann:

Segensbitte:
Gott, unser Vater, sei bei uns und beschütze uns.
A: Amen.
Er gehe vor uns her und geleite uns.
Er stehe hinter uns und schütze uns: Amen.
Er schaue gnädig auf uns, bewahre uns und segne uns: Amen.
Das gewähre uns der barmherzige und gütige Gott, der Vater und der Sohn und der heilige Geist: Amen.

Schlußlied:
(GL Nr. 703, Str. 1–3)

Maria – bitte für uns

Gnade und Friede von Gott, unserem Vater und dem Herrn Jesus Christus sei mit euch!
Liebe Gemeinde, herzlich begrüße ich Sie zu unserem Gottesdienst (heute abend). Ich freue mich, daß Sie gekommen sind, um Gott zu loben und Maria zu ehren.

Lied:
Maria, breit den Mantel aus
(GL Nr. 595, Str. 1 und 2)

Gebet:
Herr Jesus Christus, unser Mittler beim Vater, du hast deine Mutter, die selige Jungfrau Maria, auch uns zur Mutter und Fürsprecherin gegeben. Gib, daß jeder, der bittend zu dir kommt, deine Hilfe erfährt und wir unser Heil erreichen, der du lebst und herrschest in alle Ewigkeit. Amen.

Lied:
Maria, breit den Mantel aus
(GL Nr. 595, Str. 3 und 4)

Schriftlesung:
Die Hochzeit zu Kana
Und am dritten Tage fand eine Hochzeit statt zu Kana in Galiläa, und die Mutter Jesu war auch dort. Auch Jesus und seine Jünger waren zur Hochzeit eingeladen. Als nun der Wein ausging, sagte die Mutter Jesu zu ihm: »Sie haben keinen Wein mehr«. Jesus sagte zu ihr: »Was willst du von mir, Frau? Meine Stunde ist noch nicht gekommen«.
Da sagte seine Mutter zu den Dienern: »Alles, was er euch sagt, das tut«. Es waren aber dort sechs steinerne Wasserkrüge aufgestellt für die bei den Juden übliche Reinigung; sie faßten je zwei bis drei Maß.

Jesus sagte zu ihnen: »Füllet die Krüge mit Wasser«. Und sie füllten sie bis zum Rand. Da sagt er zu ihnen: »Schöpfet jetzt, und bringet es dem Speisemeister«. Und sie brachten es ihm. Als aber der Speisemeister von dem zu Wein gewordenen Wasser gekostet hatte und nicht wußte, woher er kam – die Diener aber, die das Wasser geschöpft hatten, wußten es –, da rief der Speisemeister den Bräutigam herbei und sagte zu ihm: »Jedermann setzt zuerst den guten Wein vor, und wenn sie trunken sind, den geringeren. Du hast den guten Wein bis jetzt aufgehoben«. So tat Jesus sein erstes Zeichen, in Kana in Galiläa, und offenbarte seine Herrlichkeit, und seine Jünger glaubten an ihn.
Johannes. 2, 1–11

Gebet:
V: Gegrüßet seist du, Maria, denn du zeigst auf ihn,
auf deinen Sohn, du führst uns zu ihm,
damit er uns helfe.
A: Gegrüßet seist du Maria.
V: Gegrüßet seist du, Maria, denn du stehst für uns Menschen ein,
du wendest den Blick Jesu auf unsere Nöte.
V: Gegrüßet seist du, Maria, denn du kennst unsere Sorgen,
du suchst zu vermitteln, daß Hilfe werde.
V: Gegrüßet seist du, Maria, denn du läßt nicht locker,
du bittest die Stunde herbei, da dein Sohn wirkt.
V: Gegrüßet seist du, Maria, denn du bist beharrlich,
du sagst uns geduldig: Tut, was er sagt.
Du sagst ihm geduldig: Tu, was sie brauchen.

Lied:

Text und Musik: P. Perne
Aus: Wir singen mit P. Perne, Studio Union,
Lahn-Verlag, Limburg

2. Mutter, die Krüge sind leer;
   Armut ist das, was wir bringen.
   Uns fällt das Bitten so schwer.
   Trotz allem wollen wir singen:
   Dein Wort gibt Hoffnung...

3. Mutter, ein Tag schnell vergeht;
   Scherben nur in unsern Händen.
   Das ist, was übrig oft blieb.
   Kannst du das Elend nicht wenden?
   Dein Wort gibt Hoffnung…

4. Mutter, im Glauben geprüft,
   hast du zu Kana gehandelt.
   Hilf uns, zu glauben wie du,
   daß unser Leben sich wandelt.
   Dein Wort gibt Hoffnung…

Besinnung:
Herr, wir haben keinen Wein mehr.
Schenke uns die Aufmerksamkeit des Herzens,
daß wir über uns und unsere Aufgabe hinaus-
schauen und erspüren, wo etwas zur Neige geht,
wo das gewisse »Etwas« fehlt.
Schenk uns die Kraft,
die Not anderer zu unserer eigenen werden zu lassen.
Gib uns die Bereitschaft,
uns auch für unscheinbare Nöte großherzig
einzusetzen.
Schenke uns den Mut, auch wunde Punkte
beim Namen zu nennen,
auch wenn wir nicht selbst helfen können,
nicht um anzuklagen oder zu jammern,
sondern aus liebender Verantwortung.
Schenke uns die Klugheit,
für unsere Anliegen
den richtigen Gesprächspartner zu finden.
Schenke uns den Glauben,
daß Jesus uns versteht und helfen wird,
wenn seine Stunde da ist.
Und laß uns nicht verzagen,
wenn unsere Bitten kein Gehör zu finden scheinen,

wenn wir dafür sogar getadelt werden:
In allem geschehe dein Wille!
Herr, was du uns sagst,
das wollen wir tun.
Laß an unserer Seite Menschen sein,
die an unseren guten Willen glauben können,
die uns aufmerksam machen auf die Not anderer.
Maria, weise auch heute deinen Sohn darauf hin,
daß uns der Wein ausgeht,
vielen Menschen das Brot fehlt.

Lied:
Maria, dich lieben ist allzeit mein Sinn
(GL Nr. 594, Str. 1 und 2)

Gebet:
Unter deinen Schutz und Schirm fliehen wir, heilige Gottesmutter. Verschmähe nicht unser Gebet in unseren Nöten, sondern errette uns jederzeit aus allen Gefahren, o du glorwürdige und gebenedeite Jungfrau, unsere Frau, unsere Mittlerin, unsere Fürsprecherin. Führe uns zu deinem Sohne, empfiehl uns deinem Sohne, stelle uns vor deinem Sohne. Amen.

Aussetzung des Allerheiligsten

Lied:
Das Geheimnis laßt uns künden
(GL Nr 544, Str. 1 und 2)

Gebet:
Gott, unser Vater, du hast Maria's Bitte erfüllt. Laß auch uns vertrauensvoll zu dir beten und deine Liebe und Fürsorge preisen. Hilf uns deinen Willen zu erkennen, und gib uns die Kraft, ihn zu erfüllen. Du begleitest uns auf all unseren Wegen. Sei gepriesen in Ewigkeit. Amen.

Lied:
Das Geheimnis laßt uns künden
(GL Nr. 544, Str. 3 und 4)

Eucharistischer Segen
Wenn kein eucharistischer Segen erteilt werden kann:

Abendgebet:
Herr, du guter Wächter des Lebens, unseres Tages und dieser Nacht. Ich vertraue mich dir an, meinen müden Leib, mein unruhiges Herz, meine Sorgen und Lasten des Tages. Ich empfehle dir alle, die mir lieb sind: trockne die Tränen, berühre die Einsamen, lindere die Schmerzen, stille die Sehnsucht, gib allen den Frieden der Nacht. Ich empfehle dir die ganze Welt und die ganze Schöpfung:
die Armen und Reichen, die Kranken und Gesunden, die Flüchtlinge und Hungernden, alles, was lebt auf dieser Welt.
Ich will glauben, guter Wächter, daß nichts deinem liebenden Blick entgeht.
   A. Rotzetter

Segensbitte:
Der Herr segne und behüte euch;
der Herr lasse sein Angesicht über euch leuchten
und sei euch gnädig;
er wende euch sein Antlitz zu und schenke euch
seinen Frieden! Amen.

Lied:
Ave Maria klare
(GL Nr. 581, Str. 1-3)

Maria – kein »wenn« und »aber«

Junge Menschen haben häufig Schwierigkeiten bei der Marienverehrung. Gerade deshalb sollte Maria wieder mehr und in der rechten Weise der Jugend nahegebracht werden.

Lied:

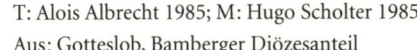
T: Alois Albrecht 1985; M: Hugo Scholter 1985
Aus: Gotteslob, Bamberger Diözesanteil

2. Du hast keine Füße, Herr, nimm die meinen, nimm die meinen!
   Bewege sie und lenke sie. Laß sie gehen und laufen.
   Laß sie springen und tanzen, als wären es die deinen.

3. Du hast keine Lippen, Herr, nimm die meinen, nimm die meinen!
   Bewege sie und öffne sie. Laß sie danken und rühmen.
   Laß sie dichten und trösten, als wären es die deinen.

Gottes An-Spruch:
Zur Einführung und Meditation der Schriftlesung
Nicht der Mensch muß den Anfang machen,
damit Gott Mensch wird. – Gott selbst ergreift die Initiative.
Er selbst spricht den Menschen an, möchte den Menschen
durch seinen An-spruch in Anspruch nehmen,
möchte den Menschen durch seinen An-spruch be-geistern
Am Anfang steht Gott, einladend, werbend:
»Ich möchte durch Dich Mensch werden«.
Sei es in jener geschichtlichen Stunde bei Maria,
sei es in jeder Stunde der Geschichte bei mir oder dir:
Gott macht den Anfang.
Was er braucht?
Empfängliche Menschen, offen für seinen An-spruch;
begeisterungsfähige Menschen, offen für seinen Geist;
schöpferische Menschen,
offen für seine unerschöpflichen Möglichkeiten;
tatkräftige Menschen, durch die seine Gedanken Hand
und Fuß bekommen, menschliche Gestalt annehmen;
kurz: Menschen wie Maria.
Sie hört das Angebot des Boten.
Sie antwortet nicht mit »wenn« und »aber«.
Sie fragt nur »wie?«.
Und dieses »wie?« enthält bereits ihr »Ja«.
An dieser Stelle, Maria, kommt mein Erschrecken!
So schnell kommt Dein »Ja«,
so unwahrscheinlich schnell!
Warst Du Dir so sicher? Hast Du nicht gezweifelt?
Hast Du überdacht, auf was Du Dich einläßt?
Hast Du Dir keine Bedenkzeit ausgebeten?

Ich glaube, mir wäre es so ergangen – genauer: so ergeht es mir nicht selten, wenn Gottes An-spruch mich trifft: Wenn die Not eines Mitmenschen zum Mund Gottes wird, der mir sagt: »Pack zu! Hilf! Ich möchte für diesen Menschen durch dich Mensch werden!« Und dieser Mensch erlebt Gott nicht, jedenfalls nicht durch mich, weil ich so langsam bin, so unwahrscheinlich langsam: Erst mal überlegen, auf was ich mich da einlasse! Und schon ist die Gelegenheit zur Menschwerdung Gottes verpaßt!

Am Anfang steht auch heute noch Gott. ER ergreift die Initiative, spricht mich an durch seinen Boten, durch Gabriel im Alltagskleid. Höre ich, antworte ich, handle ich, dann wird Gott Mensch, auch heute noch, wie damals in der geschichtlichen Stunde durch Maria.
Conrad M. Siegers / Marianne Willemsen

Lesung:

Und so schreibt es Lukas:

Der Engel Gabriel wurde von Gott in eine Stadt in Galiläa namens Nazaret zu einer Jungfrau gesandt. Sie war mit einem Mann namens Josef verlobt, der aus dem Haus David stammte. Der Name der Jungfrau war Maria.

Der Engel trat bei ihr ein und sagte: Sei gegrüßt, du Begnadete, der Herr ist mit dir.

Sie erschrak über die Anrede und überlegte, was dieser Gruß zu bedeuten habe.

Da sagte der Engel zu ihr: Fürchte dich nicht, Maria; denn du hast bei Gott Gnade gefunden.

Du wirst ein Kind empfangen, einen Sohn wirst du gebären: dem sollst du den Namen Jesus geben.

Er wird groß sein und Sohn des Höchsten genannt werden. Gott, der Herr, wird ihm den Thron seines Vaters David geben.

Er wird über das Haus Jakob in Ewigkeit herrschen, und seine Herrschaft wird kein Ende haben.

Maria sagte zu dem Engel: Wie soll das geschehen, da ich keinen Mann erkenne?

Der Engel antwortete ihr: Der Heilige Geist wird über dich kommen, und die Kraft des Höchsten wird dich überschatten. Deshalb wird auch das Kind heilig und Sohn Gottes genannt werden.

Auch Elisabet, deine Verwandte, hat noch in ihrem Alter einen Sohn empfangen; obwohl sie als unfruchtbar galt ist sie jetzt schon im sechsten Monat. Denn für Gott ist nichts unmöglich.

Da sagte Maria: Ich bin die Magd des Herrn; mir geschehe, wie du es gesagt hast.
Danach verließ sie der Engel.
Lukas 1,26–38.

Lied:

M. nach. Hört, wen Jesus selig preist
O.-G.Bosse Verlag, Regensburg. Franz Lauterbacher, Magnificat

1. Ei - ne Frau hat Gott er - wählt. — Hal - le - lu - ja! Und zur Mut - ter sich be - stellt. — Hal - le - lu - ja!

2. Sie – ein Mensch wie du und ich – Halleluja!
   Schenkt der Welt von Gott das Licht – Halleluja!

3. Dich Maria preisen wir – Halleluja!
   Weil Gottes Kraft sich zeigt an Dir – Halleluja!

4. Weil Er Großes Dir getan – Halleluja!
   Stimmen wir das Loblied an – Halleluja!

Aussetzung des Allerheiligsten
Meditative Orgelmusik

Das Lied der Maria:
Meine Seele ist erfüllt von Gott,
und mein Geist erkennt die Größe Gottes.
Er ist mein Retter und der, der alles heil macht.
Denn er hat sich tief hinuntergebückt zu mir,
dem kleinen Mädchen, der unbedeutenden Frau.
Weil ich DAS KIND bekommen werde,
werden mich alle Kinder und Kindeskinder selig preisen,
denn der unermeßlich große Gott
hat Großes an mir kleinem Menschen getan.
Seine Güte reicht von einer Generation zur anderen,
soweit der Himmel geht.
Seine Liebe umsorgt alle, die ihn anerkennen.
Er greift durch mit starker Hand und zerstreut die,
die im Herzen meinen, sie seien die Größten.
Er stürzt die Mächtigen von ihren Thronen und Regierungssesseln,
von ihren Posten und aus ihren Ämtern.
Er gibt den Niedrigen ihre Menschenwürde zurück.
Die Hungernden haben zu essen,
und die Reichen spüren, daß Hunger weh tut.
Er verbündet sich mit denen, die zu ihm gehören,
und erinnert sich dabei an die alten Verheißungen,
die er Abraham und den Propheten Israels gegeben hat:
»Ich segne dich – und du sollst ein Segen sein.«
Aus: Ökumenische Jugendbibel

Lied:

Aus W. Schneider, »Getanztes Gebet«, Verlag Herder

2. Und du reichst mir das Brot, und du reichst mir den Wein
und bleibst selbst, Herr, mein Begleiter.
Refr. Daß du mich einstimmen läßt …

3. Und du sendest den Geist, und du machst mich ganz neu
und erfüllst mich mit deinem Frieden.
Refr. Daß du mich einstimmen läßt …

Ein Credo

Herr, du hast mir allezeit das Brot gegeben für den folgenden Tag,
und ob ich auch heute arm bin – ich glaube.
Herr, du hast mir allezeit Frieden gegeben, und ob ich auch heute
in Angst bin – ich glaube.

Herr, du hast mir immer wieder Kraft gegeben, und ob ich auch
jetzt schwach bin – ich glaube.
Herr, du hast mich oft bewahrt in der Anfechtung, wenn ich auch
neu angefochten werde – ich glaube.
Herr, du hast mir allezeit den Weg gezeigt für den folgenden Tag,
und ob er mir heute auch verborgen ist – ich glaube.
Herr, du hast immer wieder meine Finsternis licht gemacht, und ob
ich auch heute im Dunkel bin – ich glaube.
Herr, du bist stets der treue Freund trotz aller, die Verrat üben –
ich glaube.
Herr, du hast stets deine Verheißung erfüllt trotz aller Zweifel –
ich glaube.
Herr, du hast geredet, wenn deine Stunde da war, und wenn du
auch heute schweigst – ich glaube.
Aus der Liturgie der Schwestern von Pomeyron St. Etienne du Gec

Eucharistischer Segen
Wenn kein eucharistischer Segen erteilt werden kann:

Segensbitte:
Der Herr segne uns und beschütze uns. Er lasse sein Angesicht über
uns leuchten und sei uns gnädig. Er halte uns in seinen Händen und
führe uns: Amen.

Lied:
4. Und nun zeig mir den Weg und nun führ mich die Bahn,
deine Liebe zu verkünden.
Refr. Daß du mich einstimmen läßt ...

5. Gib mir selber das Wort, öffne du mir das Herz,
deine Liebe, Herr, zu schenken.
Refr. Daß du mich einstimmen läßt ...

6. Und ich dank dir, mein Gott, und ich preise dich, Herr,
und ich schenke dir mein Leben!
Refr. Daß du mich einstimmen läßt ...

Anhang: Eine ganz herrliche Sache wäre es natürlich, wenn dieses Lied von einer Gruppe von Jugendlichen getanzt werden könnte. Bei diesem Gebetstanz ist der persönliche Charakter ganz offensichtlich: durch die Ichform und die Bezugnahme auf persönliche Gotteserfahrung und Hingabe. Das Bedürfnis besteht, dieses Gebetslied nicht nur mit Kopf und Stimme zu singen, sondern mit Leib und Seele zu gestalten. Gott beschenkt uns durch die Kirche und durch Menschen, das möchten die Bewegungen verdeutlichen. Die folgenden Vorschläge sind entnommen aus: W. Schneider, Getanztes Gebet, S. 81 f, Verlag Herder, Freiburg.

Ausgangsstellung: Kreisform
Daß du mich einstimmen läßt
Die Arme werden erhoben und trichterförmig über dem Kopf ausgestreckt.

in deinen Jubel, o Herr
Alle drehen sich mit erhobenen Armen schwungvoll um sich selber.

deiner Engel und himmlischen Heere
Beim ersten Akzent mit dem rechten Arm nach oben deuten, das Körpergewicht auf den rechten Fuß verlagern und dabei auf den Zehen stehen. Beim nächsten Akzent alles mit dem linken Fuß und Arm wiederholen, beim letzten Akzent wieder rechts.

das erhebt meine Seele zu dir, o mein Gott
Die Tanzenden beugen ein Knie,
machen eine Bewegung,
als würden sie mit beiden Händen
eine Schale formen und damit
auf dem Boden Wasser schöpfen.
Dann stehen sie auf und heben
die zu einer Schale geformten Hände hoch.

großer König, Lob sei dir und Ehre
Die Handflächen der benachbarten Tanzenden werden aneinandergelegt, dann die Arme langsam hochgehoben. Damit wird eine Krone gebildet.

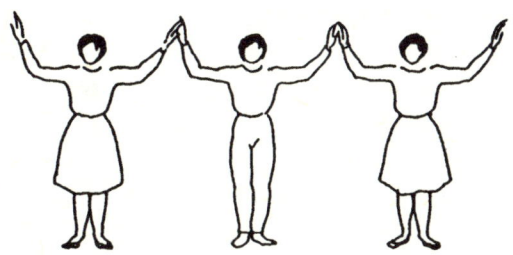

1. Herr, du kennst meinen Weg
Mit den Händen nach unten deuten, zuerst dabei nach oben schauen, dann den Kopf nach unten senken.

und du ebnest die Bahn
Alle drehen sich nach außen und heben etwa auf Bauchhöhe die Hände waagerecht, Handflächen nach unten. Dann machen sie eine Bewegung, als würden sie auf einer Tischfläche seitwärts entlang streichen.

und du führst mich den Weg durch die Wüste
Die Tanzenden fassen sich an den Händen und gehen mit schweren Schritten und gebeugtem Oberkörper im Kreis herum. Am Ende der Strophe wenden sie sich wieder der Kreismitte zu.

2. Und du reichst mir das Brot
und du reichst mir den Wein
Beide Arme nach oben strecken
und eine annehmende Geste machen,
die Hände ineinander legen
und bis etwa Bauchhöhe führen.

und bleibst selbst, Herr, mein Begleiter
Alle legen die Hände in der Kreismitte zusammen und der Kreis dreht sich nach rechts.

3. *Und du sendest den Geist*
der zweite Tanzende beugt ein Knie
und legt die Hände
zu einer Schale zusammen.
Die Stehenden legen ihre Hände
ebenfalls zu einer Schale und führen
sie aus der Höhe unter diejenigen
des rechts von ihnen Knieenden.
Sie helfen diesen auf.

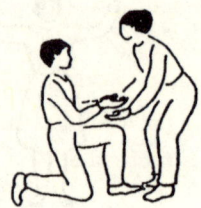

und du machst mich ganz neu
Auf »machst« machen alle Paare einen Sprung. Die Hände bleiben zusammengelegt und werden hochgehoben.

und erfüllst mich mit deinem Frieden
Die Hände öffnen sich und beschreiben einen großen Kreis, bis sie etwa auf Brusthöhe sind, Handflächen nach oben.

4. *Und nun zeig mir den Weg*
Den linken Fuß leicht vorstellen,
den linken Arm zur Kreismitte hin
nach oben strecken und
den rechten Arm
zur anderen Seite nach unten.

und nun führ mich die Bahn
Durch die oben beschriebene Armhaltung drehen sich die Tänzer automatisch in Tanzrichtung nach rechts. Die Armhaltung beibehaltend gehen sie nun im Kreis.

deine Liebe zu verkünden
Nun drehen sich alle ganz nach außen und machen mit den Händen Bewegungen zum Mund und wieder weg.

5. *Gib mir selber*
Die Arme werden zur Kreismitte hin
nach oben gestreckt,
die Tanzenden machen eine Halbdrehung
und führen die Hände mit,
bis sie, die Handflächen zusammengelegt,
etwa auf Brusthöhe sind.

das Wort
Die zusammengelegten Hände
werden auseinandergeklappt,
als würde ein Buch geöffnet.

öffne du mir das Herz
Jeder Tanzende legt sich die Hände an die Brust und bewegt sie dann mit einer öffnenden Geste nach links und rechts, die Handflächen nach oben.

deine Liebe, Herr
Die Handflächen nach rechts und links in die der Kreisnachbarn legen.

zu schenken
Zusammengelgte Hände nach vorne strecken, durch einen kleinen Schritt nach außen diese Bewegung unterstützen, und die Zuschauer dabei freundlich anschauen.

6. Und ich dank dir mein Gott
Jeder zweite dreht sich im Kreis herum, Arme dabei oben lassen.

Und ich preise dich Herr
Nun drehen sich die anderen im Kreis herum, Arme dabei oben lassen und nach der Drehung wieder eine Krone bilden.

und ich schenke dir mein Leben
Die Krone lassen, die Knie beugen, den Kopf senken und in dieser Stellung bleiben bis zum Beginn des Kehrvers.

Maria – eine ganz normale Frau!?

Der Titel könnte (oder soll vielleicht) provozieren. Denn manchmal ist die Marienverehrung etwas übertrieben, »frömmelnd«. Schließlich aber war auch Maria »wahre Frau« und »wahre Gottesmutter«.

Lied:

Burckhardthaus-Verlag
aus. »Schalom«, Ökumenisches Liederbuch

1. Herr, dei-ne Lie-be ist wie Gras und U-fer, wie Wind und Wei-te und wie ein Zu-haus. Frei sind wir, da zu woh-nen und zu ge-hen. Frei sind wir, ja zu sa-gen o-der nein. *Refr.* Herr, dei-ne Lie-be ist wie Gras und U-fer, wie Wind und Wei-te und wie ein Zu-haus.

2. Wir wollen Freiheit, um uns selbst zu finden,
   Freiheit, aus der man etwas machen kann.
   Freiheit, die auch noch offen ist für Träume,
   wo Baum und Blume Wurzeln schlagen kann. – (Refr.)

3. Und dennoch sind da Mauern zwischen Menschen,
   und nur durch Gitter sehen wir uns an.
   Unser versklavtes Ich ist ein Gefängnis
   und ist gebaut aus Steinen unsrer Angst. – (Refr.)

4. Herr, du bist Richter. Du nur kannst befreien.
   Wenn du uns freisprichst, dann ist Freiheit da.
   Freiheit, sie gilt für Menschen, Völker, Rassen,
   so weit wie deine Liebe uns ergreift. – (Refr.)

Für Dich, Mirjam

Wenn Söhne ihren Müttern nicht selten einiges verdanken: Er dir sicherlich viel ...
Du wirst ihm eine zärtliche Mutter gewesen sein. Wie sonst hätte er sich von einer Frau, einer stadtbekannten, so zärtlich berühren lassen damals beim Pharisäer Simon? Wie sonst hätte er Kinder so gern gehabt? Wie sonst hätte er Kranke und Unreine heilend berühren können? Wie sonst hätte er es über sich gebracht, sich von Frauen »aushalten« zu lassen?
Du wirst ihm eine zärtliche Mutter gewesen sein.
Hast du's geglaubt, Mirjam? Als an jenem Nachmittag dein Sohn leblos hing am Schandpfahl vor den Toren Jerusalems? Dein Wehklagen über den Tod so laut so viele Stunden, Tage, Wochen lang; Dein Sohn, Mater Dolorosa, in deinem Schoß nie näher, nie ferner. Als du dann ein erstes Mal hörtest, er sei wieder gesehen worden: Hast du's geglaubt?
Gern wüßte ich, wie er war in den Jahren zwischen 15 und 30, als er dir aus der Hand lief und dem Täufer nachlief. – Gern wüßte ich, wie dieser Traum vom Reich Gottes gereift ist in diesen Jahren; und überhaupt: wie du, Mirjam, es fertig gebracht hast ihn wachsen zu

lassen, so wachsen zu lassen wie er uns aus den Heiligen Schriften entgegenkommt! Gern wüßte ich ...
Ich weiß so wenig.

Meditative Orgelmusik
Kein einziges Mal.
Mich bedrückt es. Die Verfasser des letzten Teiles der Bibel (gemeinhin NT genannt) haben dich, Mirjam, kein einziges Mal als eine schöne Frau beschrieben. Die Herren Schriftsteller, die den Rest der Bibel verfaßten, kennen mehr als ein Dutzend Frauen, die schön, ja sogar sehr schön waren: Sara, Rebekka, Rahel, Abigail, Batseba, Tamar, Abischag, Vasti, Esther, drei Töchter Jobs, das Mädchen im Hohen Lied, Judit, Sara, des Tobias Frau. Nur es von dir zu erwähnen, vergaßen sie. Schade.
Hejo Müller

Lied:

T: u. M: P. Bernhard Bossert, Forchheim

Refr. A - ve, Ma - ri - a, Du bist vol - ler Gna - de! Der Herr ist mir Dir!

1. Du bist ein Him - mel, auf dem die Son - ne leuch - tet. Du bist die Er - de, die der Tau be - feuch - tet. Du bist ein

Schiff, das gu-te Fracht bei-bringt.
Du bist die Magd, die Got-tes Lob-lied singt.

2. Du bist der Acker, der den Schatz verbirgt.
   Du bist die Kerze, die brennend selbst stirbt.
   Du bist eine Brücke, auf der die Liebe kommt.
   Du bist ein Zelt, in dem die Allmacht wohnt.

3. Du bist die Hungrige, die reich gesättigt wird.
   Du bist die Arme, die sich an Gott verliert.
   Du bist bist die Schwache, der starke Kraft erwächst.
   Du bist die Demütige, auf den Thron gesetzt.

4. Du bist ein Strahl, der das Licht uns bringt.
   Du bist ein Ton, in dem Sein Wort uns klingt.
   Du bist die Frau, auf die der Geist sich senkt.
   Du bist die Mutter, die das Kind uns schenkt.

Für dich, Joseph:
So ist das nun mal, mein alter Joseph,
wenn man die schönste genommen hat
unter den galiläischen Mädchen,
diejenige, die sich Maria nennt.

Du hättest auch, mein alter Joseph,
Sara oder Deborah nehmen können,
und es wäre nichts passiert,
aber du hast Maria vorgezogen.

Du hättest auch, mein alter Joseph,
zu Hause bleiben können, Bretter schneiden,
statt ins Exil zu gehen
und dich mit Maria zu verstecken.

Du hättest auch, mein alter Joseph,
Kinder haben können mit Maria
und ihnen ein Handwerk beibringen,
so wie dein Vater es dir beigebracht hat.

Warum mußte gerade dein Kind,
dieses unschuldige Lamm,
so weltfremde Ideen haben,
die Maria so stark zum Weinen brachten?

Ich denke manchmal an dich, Joseph,
mein armer Freund,
wo du doch nur glücklich leben wolltest mit Maria.
Georges Moustaki

Du wagst dein Ja – und erlebst einen Sinn. Du wiederholst dein Ja – und alles bekommt Sinn. Wenn alles Sinn hat, wie kannst du anders leben als ein Ja.
Dag Hammarskjöld

Lasset uns beten:
Wir preisen dich, heiliger Josef, denn Gott hat dich erwählt zum Pflegevater deines Sohnes.
Du hast Maria nicht verlassen, sondern zu dir genommen.
A: Bitte für uns.
Du bist mit ihr nach Betlehem gereist und warst Zeuge der Geburt des Messias.
A: Bitte für uns.
Du hast Jesus und Maria vor der Wut des Herodes in Sicherheit gebracht.

A: Bitte für uns.
Du hast nach der Rückkehr in die Heimatstadt für sie gesorgt.
A: Bitte für uns.
Jesus war dir untertan; er hieß des Zimmermanns Sohn.
Wir preisen dich heilger Josef,
du warst ein gerechter Mann.
A: Bitte für uns.

Gemeinsam unterwegs
Herr, aus Dörfern und Städten
A: sind wir unterwegs zu dir.
aus den Tälern und Bergen
A: sind wir unterwegs zu dir.
aus den Hütten und Häusern,
aus den Büros und Fabriken,
mit den leidenden Brüdern und Schwestern,
mit den lachenden Kindern,
mit allen hoffenden Menschen,
als Bauleute des Friedens,
als Boten der Gerechtigkeit,
als Zeugen deiner Liebe,
als Glieder deiner Kirche,
wenn wir das Brot teilen,
wenn wir die Schwachen stützen,
wenn wir die Verfolgten beschützen
und für sie beten.
Wenn wir das heilige Opfer feiern,
bist du bei deinem Volk.
Aus Lateinamerika

Wir heißen nicht nur Kinder Gottes, wir sind es.
Darum beten wir voll Vertrauen:
Vater unser, im Himmel …

Segensbitte:
Der Segen Gottes, des allmächtigen,
der Segen des Sohnes, von Maria geboren,
der Segen des Heiligen Geistes, der über uns wacht wie eine Mutter über ihre Kinder,
sei mit uns allen. Amen.

Lied:

T. und M.: Jesus-Bruderschaft Gnadenthal aus: Mosaik 1–4/5
© Präsenz-Verlag der Jesus-Bruderschaft, Gnadenthal, Hünfelden

Tanz: Sr. Davidica Kades

Ausgangsstellung: Kreisform, Hände durchgefaßt
1. Teil: *1. Takt*
Der rechte Fuß wird nach rechts gesetzt. Den linken Fuß anstellen. Den rechten Fuß wieder nach rechts setzen, den linken Fuß über den

rechten schwingen.

2. *Takt*

Wie Takt 1 aber gegengleich

Takte 1 und 2 wiederholen bis zum Ende des ersten Teils

2. Teil:

Wo zwei oder drei in

Mit dem rechten Fuß beginnend vier Schritte zur Kreismitte. Die Hände durchgefaßt lassen.

meinem Namen beisammen sind, da

Mit vier langsamen Schritten nach links drehen, bis das Gesicht nach außen schaut. Die Arme werden beim Drehen hochgehoben. Die Hände nicht loslassen. Dadurch legt sich der rechte Arm auf die Brust.

bin ich mitten

wieder zurückdrehen mit vier langsamen Schritten

unter ihnen

Mit vier langsamen Schritten zurück zur Ausgangsstellung. Rechter Fuß beginnt.

Wird das Lied im Kanon getanzt, dann werden zwei Kreise gebildet, die nacheinander einsetzen.

Anmerkung: Auch die Lieder »Herr, deine Liebe« und »Ave Maria« aus dieser Andacht können tanzend gebetet werden. Siehe Hinweise im Anhang dieses Buches.

Aus: W. Schneider, *Tanzend beten – betend tanzen*, S. 8f, Verlag Herder, Freiburg

Maria – laß uns stille werden

Zeit und Ruhe sind Voraussetzung bei diesem Gottesdienst. Zeit zur Besinnung und Meditation. Auch der äußere Rahmen müßte dafür gegeben sein.

Lied:

T. und M. Sr. Leonore Heinzl.
Aus: W. Schneider, Tanzend beten –
betend tanzen, Verlag Herder, Freiburg

V/A: Al-le mei-ne Quel-len ent-sprin-gen in dir, in dir mein gu-ter Gott! Du bist das Was-ser, das mich tränkt und mei-ne Sehn-sucht stillt!

1. Du bist die Kraft, die Le-ben schenkt,
2. Du bist der Geist, der in uns lebt,
3. Du bist das Wort, das mit uns geht,
4. Du bist der Glau-be der uns prägt,
5. Du bist die Lie-be, die be-freit,
6. Du bist das Licht in Dun-kel-heit,
7. Du bist das Lamm, das sich er-barmt,

1. ei-ne Quel-le, wel-che nie ver-siegt.
2. der uns rei-nigt, der uns heilt und hilft.
3. das uns trägt und uns die Rich-tung weist.
4. der uns stark macht, of-fen und be-reit.
5. die ver-gibt, wenn uns das Herz an-klagt.
6. du er-leuch-test un-sern Le-bens-weg.
7. das uns ret-tet, uns er-löst und liebt.

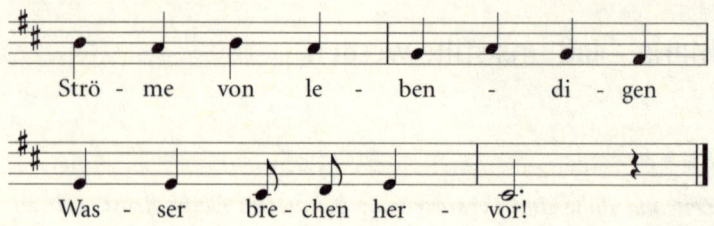
Strö- me von le- ben- di- gen Was- ser bre- chen her- vor!

Gegrüßet seist Du, Maria
Ja, ich grüße Dich als Schwester. Nach langem Suchen, nach Fluchten und Irrwegen, nach Abgrenzung, Wut und Trauer entdecke ich Dich das Magnificat singend.

voll der Gnade
ich erkenne die starke, die selbstbewußte, Gerechtigkeit verlangende, im Glauben mutige junge Frau.

der Herr ist mit Dir
aus Dir strömt Kraft und Energie, die wir den Geist nennen. Für alle ist es bemerkbar. Wo Du hergehst, erblüht das Leben, heißt es.

du bist gebenedeit unter den Frauen
das zeichnet Dich aus unter den Frauen. Aufrecht gehst Du, singend nennst Du das Unrecht beim Namen und verkündest Deine Hoffnung.

und gebenedeit ist die Frucht Deines Leibes, Jesus
frei hast Du Dich entschieden für dieses Kind – auch ohne Vater, und in stolzer Freude begibst Du Dich zu Elisabet, nicht als demütige Magd, sondern als freie Frau.

Heilige Maria
freigelegt von Kitsch und Aberglauben, vom Prunk der Altäre und den Rührseligkeiten der Väter erkenne ich Dich als heilig und stimme Dein Lob an.

Mutter Gottes
als Mutter Jesu, der uns Befreiung bringt, indem er uns Gerechtigkeit lehrt, der ein Leben in Fülle, das das Gottes Reich nicht auf später verschiebt, sondern seinen Anbruch verkündet. Den Beginn des Gottesreiches hast Du auf die Welt gebracht.

bitte für uns Sünder
deshalb geh mit uns, wenn wir an der Verwirklichung der Verheißungen Deines Sohnes arbeiten, und hilf uns durchzuhalten.

jetzt und in der Stunde unseres Todes. Amen.
jetzt und bis zum Ende unseres irdischen Lebens. Amen.
Eva Maria Zieberts

Stille und Besinnung

Gebet:
Herr, verstrickt in viele Netze, Notwendigkeiten und Pflichten,
　　erkennen wir oft nicht mehr den roten Faden Sinn.
Herr, gebunden an viele Kreuze, Sorgen und Ängste, suchen wir oft
　　vergeblich nach dem roten Faden Sinn.
Herr, geblendet von vielen Bildern, Verführungen und Reklame
　　finden wir kaum noch den roten Faden Sinn.
Herr, zerrissen von vielen eigenen Wünschen und Anforderungen
　　von außen, suchen wir verzweifelt nach dem roten Faden Sinn.
Schenk du ihn uns,
schenk ihn aus deinem Wort.
Amen.
　Alois Albrecht

Meditationsmusik oder leises Orgelspiel

Gebet:
Sag ja zu mir, wenn alles nein sagt,
weil ich so vieles falsch gemacht.
Wenn Menschen nicht verzeihen können,
nimm du mich an trotz aller Schuld.
Tu meinen Mund auf, dich zu loben,
und gib mir deinen neuen Geist.

Uns ist das Heil durch dich gegeben;
denn du warst ganz für andre da.
An dir muß ich mein Leben messen;
doch oft setz ich allein das Maß.
Tu meinen Mund auf, dich zu loben,
und gib mir deinen neuen Geist.

Gib mir den Mut, mich selbst zu kennen,
mach mich bereit zu neuem Tun.
Und reiß mich aus den alten Gleisen;
ich glaube, Herr, dann wird es gut.
Tu meinen Mund auf, dich zu loben,
und gib mir deinen neuen Geist.

Denn wenn du ja sagst, kann ich leben;
stehst du zu mir, dann kann ich gehn,
dann kann ich neue Lieder singen
und selbst ein Lied für andre sein.
Tu meinen Mund auf, dich zu loben,
und gib mir deinen neuen Geist.

Zu viele sehen nur das Böse
und nicht das Gute, das geschieht.
Auch das Geringste, das wir geben,
es zählt bei dir, du machst es groß.
Tu meinen Mund auf, dich zu loben,
und gib mir deinen neuen Geist.

Drum ist mein Leben nicht vergeblich,
es kann für andre Hilfe sein.
Ich darf mich meines Lebens freuen
und andren Grund zur Freude sein.
Tu meinen Mund auf, dich zu loben,
und gib mir deinen neuen Geist.

Lied:

T u. M: Aus Lothringen, 1927. Nach Louis Pinck:
»Verklingende Weisen«, Bärenreiter-Verlag Kassel

1. Die Schönste von allen, von fürstlichem Stand, kann Schönres nicht malen ein englische Hand: Maria mit Namen; an ihrer Gestalt all Schönheit beisammen, Gott selbst wohlgefallt.

2. Ihr Haupt ist gezieret
   mit goldener Kron,
   das Zepter sie führet
   am himmlischen Thron,
   ein sehr starke Heldin,
   mit englischem Schritt
   der höllischen Schlange
   den Kopf sie zertritt

3. Wohlan denn, o Jungfrau,
   der Jungfrauen Bild,
   von Tugenden strahlet,
   mit Gnaden erfüllt,
   mit Sternen geschmücket,
   die Sonne dich kleidt,
   die Engel, den Himmel
   dein Anblick erfreut!

Maria, du hast gehört, was keiner vernommen.

Maria, du bist allein deinen Weg gegangen.

Maria, du bist aus allem, was dich getragen, herausgefallen.

Maria, du wurdest allein gelassen.

Sei gegrüßt.

A: Ave, du neue Eva.

Du Sehende unter Blinden.

Du Horchende unter Tauben.

Du Antwortgebende unter Stummen.

Du von allem Gewohnten Abgeschnittene.

Sei gegrüßt.

A: Ave, du neue Eva.

Du gegen alle Hoffnung Hoffende.

Du Kind deiner Zeit.

Du in die Zukunft Weisende.

Du alles Erwägende.

Sei gegrüßt.

A: Ave, du neue Eva.
Du Mutterboden einer neuen Zeit.
Du jenseits unserer Wege.
Du diesseits unserer Hoffnung.
Du Frau am Himmel unserer Zeit.
Sei gegrüßt.
A: Ave, du neue Eva.
Aus: »Magnificat«, S.1077, Styria-Verlag

Stille

Meditationsmusik oder leises Orgelspiel

Als ich ein Kind war
Weißt du noch – damals, als ich ein Kind war, was ich glaubte?
Ich glaubte an Gott, einen gütigen Vater, eine gütige Mutter, alles verstehend und immer verzeihend.
Ich glaubte an Liebe, die sich verschenkt zwischen den Menschen, ohne Berechnung und ohne Angst.
Auch an Gerechtigkeit glaubte ich fest, in der es nicht gibt Vorrecht noch Unrecht, Starke noch Schwache.
Auch an den Frieden glaubte ich da, der möglich ist unter den Menschen, die guten Willens sind.
Und an die Kraft glaubte ich, die dieser Glaube mir schenkt, im Vertrauen auf Gott, Tag für Tag.
Weißt du noch – damals, als ich Kind war, was ich glaubte?
Selbst heute noch – längst nicht mehr Kind – möchte ich leben aus diesem Glauben.
Doris Lindenblatt

Lasset uns beten:
für die Jungen, die das Leben noch vor sich haben; daß sie offen und empfänglich ihrer Zukunft entgegentreten, daß sie mit Unsicherheiten zu leben wagen und den Enttäuschungen gewachsen seien, daß sie sich selbst anzunehmen lernen und nicht mutlos werden.

Bitten wir für alle jungen Menschen, daß sie ruhig und aufrecht mit ihren Eltern verkehren, daß sie das Vergangene achten, ihre Vorfahren nicht hassen, eine ältere Generation nicht abschreiben; daß sie vor allem ihren Freunden treu seien und selbstlos in ihrer Liebe; daß sie sich nicht ausliefern an die formlose Plattheit, das Leben der anderen nicht zerstören, sondern bereit seien, diese Erde bewohnbar zu machen.

Maria, Mutter des Herrn, sei du Fürsprecherin für uns in all unseren Anliegen, in unserem Ringen und Hoffen, am Thron deines göttlichen Sohnes.

Segensbitte:
Herr, segne uns, – und das, was wir tun.
Behüte uns – und die, mit denen wir leben.
Laß dein Angesicht leuchten über uns – und über die,
    die uns anvertraut sind.
Sei uns gnädig – und all denen, die sich feind sind.
Erhebe dein Angesicht über uns – und unsere Geschwister
    in aller Welt.
Gib uns – und der ganzen Welt – deinen Frieden.
Das gewähre uns der gütige Gott,
    der Vater und der Sohn und der Heilige Geist. Amen.

Lied:

Aus: W. Schneider, Getanztes Gebet, S. 42 f,
Verlag Herder, Freiburg

1. Er hält das Leben in der Hand, er schuf den Himmel, Meer und Land, er schuf die Berge und den Strand, er hält mein Leben in der Hand.

2. Er hält die Blumen und die Vögel in seiner Hand. (3mal)
   Er hält die ganze Welt in seiner Hand.
3. Er hält den Wind und den Regen in seiner Hand.
4. Er hält den Blitz und den Donner in seiner Hand.
5. Er hält das Wasser und die Fische in seiner Hand.
6. Er hält die Berge und die Täler in seiner Hand.
7. Er hält die Häuser und die Straßen in seiner Hand.
8. Er hält die Großen und die Kleinen in seiner Hand.
9. Er hält die Dicken und die Dünnen in seiner Hand.
10. Er hält den Vater und die Mutter in seiner Hand.
11. Er hält auch dich und mich in seiner Hand.
12. Er hält uns alle in seiner Hand.

1. Er hält die ganze Welt
Mit beiden Händen einen großen Kreis beschreiben.

in seiner Hand
Mit beiden Händen eine Schale bilden.
Am Schluß jeder Strophe
wird dies wiederholt
als eine Art Refrain.

2. Er hält die Blumen
Mit den Händen einen Kelch bilden.

und die Vögel
Mit beiden Händen
Flugbewegungen machen.

in seiner Hand s. o.

3. Er hält den Wind
Mit der rechten Hand
vor dem Körper eine
schwungvolle Hin- und
Herbewegung machen.

und den Regen
Tröpfelbewegung mit den Fingern von oben nach unten.

4. Er hält den Blitz
Mit dem rechten Arm eine schnelle Bewegung von oben nach unten machen.

und den Donner
In die Hände klatschen und einmal stampfen.

5. Er hält das Wasser
Mit beiden Händen
sanfte Wellenbewegungen
machen von der Mitte nach außen.

und die Fische
Beide Handflächen ineinander legen
und schlängelnde Bewegungen machen,
vom Körper weg.

6. Er hält die Berge und die Täler
Mit dem rechten Arm zuerst eine Wellenbewegung aufwärts und
dann eine abwärts machen.

7. Er hält die Häuser
Mit beiden Händen ein Dach formen.

und die Straßen
Handflächen nach unten und eine waagerechte Bewegung machen,
als würde man etwas glatt streichen.

8. Er hält die Großen und die Kleinen
Arme ganz hoch, Arme ganz tief halten.

9. Er hält die Dicken
Mit beiden Händen einen riesigen Bauch
durch einen weiten Kreis andeuten.

und die Dünnen
Hände wieder an den Bauch legen.

10. Er hält den Vater und die Mutter
Bewegungen mit den Armen machen, als würde man ein Baby
wiegen.

11. Er hält auch dich und mich
Auf jemand anders und
auf sich selbst zeigen.

12. Er hält uns alle
Arme weit auseinanderstrecken
und sich gegenseitig anschauen.

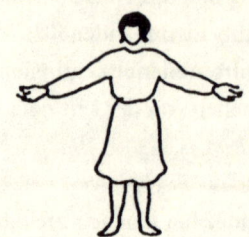

Dieses Lied eignet sich gut, eigene Texte und Bewegungen zu erfinden. Obwohl das Lied sehr einfach ist und es daher schon kleine Kinder sehr gerne singen, kann es durchaus von der ganzen Gemeinde gesungen werden und spricht durch die Grundaussage des Vertrauens auch Erwachsene an.

Das Leben Mariens
Marienandacht mit Kleinkindern

Einladung
KLEINKINDERGOTTESDIENST

Thema: Das Leben Mariens

am .... um ..... Uhr

in der katholischen Kirche

....

Ganz herzlich eingeladen sind alle Eltern mit ihren Kindern.
Konfesion spielt dabei keine Rolle.

Wir wollen Gott loben und grüßen auch Maria die Mutter Jesu.

Wir freuen uns auf Euch

Begrüßung:

Liebe Kinder, liebe Eltern, ich darf Euch zu unserem Gottesdienst ganz herzlich begrüßen. Wir beginnen mit dem Kreuzzeichen:
Im Namen des Vaters und des Sohnes und des Heiligen Geistes. Amen.

Lied zur Eröffnung:

T: H. Bergmann, M: H. Wortmann
aus: Pfälzer Kindermesse, SU 330, Studio Union
im Lahn Verlag, Limburg

2. Wir grüßen dich, Herr Jesus,
   im Gotteshause hier.
   Wir sind nun deine Gäste.
   Wir danken dir dafür.

   Gott liebt die Kinder.
   Er lädt uns alle ein.
   Gott liebt die Kinder.
   Wir wollen bei ihm sein.

Das Leben von Maria in Bildern

1. Bild: Maria Verkündigung.
- Maria erschrickt, als sie hört, daß sie ein Kind bekommen soll. Sie sagt: »Ja, ich will die Mutter Jesu werden. Weil Gott es so will«.

2. Bild: Weihnachten: Jesus wird geboren.
- Das Kind wird in einem Stall geboren. Maria wickelt ihr Kind in Windeln und legt es in eine Krippe, weil in der Herberge kein Platz mehr ist.

3. Bild: Die Weisen an der Krippe.
- Maria merkt sich alles, was die Weisen von ihrem Kind Jesus sagen.

4. Bild: Hochzeit zu Kana.
- Maria sieht, daß der Wein zu Ende geht. Sie sagt es Jesus. Sie geht zu den Dienern und sagt: Tut das, was Jesus euch sagt.

5. Bild: Maria auf dem Kreuzweg.
- Maria bleibt bei Jesus, auch als es ihm schlecht geht. Sie will damit sagen: Halte durch, mein Sohn, ich hab dich ganz lieb.
  Gott läßt uns nicht im Stich.

6. Bild: Jesus ist auferstanden.
- Maria hört die frohe Botschaft, daß Jesus lebt, und all ihr Leid und ihre Trauer ist vorbei.
  Sie freut sich mit ihrem Sohn Jesus.

7. Bild: Maria und die Freunde Jesu an Pfingsten.
- Die Freunde haben Angst. Sie setzen sich ganz nah um Maria, die Mutter Jesu. Gott macht ihnen Mut. Sie verstehen nun, was Jesus gemeint hat. Sie sagen vielen Leuten, daß Jesus immer bei uns ist und uns lieb hat.

Lied:

T: Rolf Krenzer
Aus: Regenbogen bunt und schön.
E. Kaufmann Verlag, Lahr

1. Alle Kinder lieben dich, du Maria und wir kommen jetzt zu dir, du Maria.

Ja, du siehst uns alle hier, du Maria
und du liebst uns alle sehr, du Maria.

Fürbitten:

Jesus, wir bitten Dich:
– Laß uns nie vergessen, daß Deine Mutter auch unsere Mutter ist.
Alle: Maria, wir rufen zu dir.
– Laß uns unsere Mutter so lieben, wie du Deine Mutter lieb hattest.
Alle: Maria, wir rufen zu dir
– Beschütze unsere Mutti und unsere ganze Familie.
Alle: Maria, wir rufen zu dir
   Guter Jesus, erhöre Du unsere Bitten.
   Amen.

Lied:

T und M: Gabriela Herwegen
Alle Rechte bei der Autorin

1. Maria, Mutter Gottes mein, laß mich bei dir geborgen sein. Du trägst dein Kind. Dein Kind trägt dich. Maria! Jesus! Schützt auch mich! Maria! Jesus! Schützt auch mich!

2. Maria, breit den Mantel aus! Dein Mantel ist für mich ein Haus.
   Dein Mantel birgt mich warm und gut. Du hast mich lieb,
   du machst mir Mut. Du hast mich lieb, du machst mir Mut.

3. Maria, bitte hör auf mich. So viele Kinder brauchen dich.
   Sie haben Angst, sind ohne Haus.
   Maria, breit den Mantel aus! Maria, breit den Mantel aus!

Gebet:

Gegrüßet seist Du, Maria, voll der Gnade, der Herr ist mit Dir, Du bist gebenedeit unter den Frauen, und gebenedeit ist die Frucht Deines Leibes Jesus. Heilige Maria, Muttergottes, bitte für uns Sünder, jetzt und in der Stunde unseres Todes. Amen.

Segen:

Der gute Gott, der Maria uns zur Mutter gab, er segne und beschütze uns auf all unseren Wegen:
Im Namen des Vaters und des Sohnes und des Heiligen Geistes. Amen.

Lied:

T und M: Franz Kett © RPA Verlag, Landshut

2. Gott ist das Licht. Soll es dir leuchten,
   schaue in dich, wie Maria es tat.
   Vielleicht siehst du dann die Botschaft des Engels:
   Du bist voll Gnade, der Herr ist mir dir.

3. Gott ist die Liebe. Willst du sie spüren,
   öffne dein Herz, wie Maria es tat.
   Vielleicht spürst du dann die Botschaft des Engels:
   Du bist voll Gnade, der Herr ist mir dir.

Aktion:
Die Kinder erhalten eine Drehscheibe zur Erinnerung an den Gottesdienst mit nach Hause.

Zur Vorbereitung: Einladungen, Liedzettel für Besucher, Liederbegleitung mit Gitarre und Veeh-Harfe

Notwendige Materialien: Bunter Fotokarton, Schere zum Ausschneiden von 2 runden Scheiben, in 8 Felder einteilen, Klammer, schwarzer Filzstift für Bilder: Verkündigung, Geburt, Dreikönig, Hochzeit zu Kana, Maria bei dem Kreuzweg, Auferstehung, Pfingsten. Von der zweiten Scheibe wird ein Teil ausgeschnitten, um das Bild beim Drehen sehen zu können.

Maria und das Kind Jesus

Einladung
KLEINKINDERGOTTESDIENST

Thema: Maria und ihr Kind Jesu
am .... um ..... Uhr
in der katholischen Kirche
....

*Wir laden alle Kinder und Eltern dazu herzlich ein,
mit uns zu beten und zu singen.
Konfesion spielt dabei keine Rolle.
Liebe Kinder bringt Eure Puppe mit.*

Wir freuen uns auf Euch

Begrüßung:

Es ist schön, daß ihr heute hierher gekommen seid, und ich begrüße euch ganz herzlich. Wir wollen gemeinsam Gott loben und preisen und beten zu ihm: Im Namen der Vaters und des Sohnes und des Heiligen Geistes. Amen.

Ihr dürft nun eure Puppe vor das Muttergottesbild legen, dann singen wir:

Lied zur Eröffnung:

T u. M: unbekannt; T: geändert von Sr. Reinholda Wittmann

1. Maria wir grüßen dich alle. Und Jesus, dein liebes Kind. Du bist auch unsere Mutter bei dir wir geborgen sind.

2. Ein Engel hat dir verkündet:
   »Du sollst Muttergottes sein«.
   Die ganze Welt wird sich freuen,
   denn Du bist voll Lieb und ganz rein.

3. Das Baby, das Du bald erwartest,
   ist Jesus, der Gottessohn.
   Du bist seine liebe Mutter:
   bitt' für uns an seinem Thron.

Gebet:
Liebe Mutter unsres Herrn,
Du hast alle Kinder gern.
Wir Kinder kommen zu dir her,
lieben dich und freun uns sehr.
Weil du unsere Mutter bist –
Mutter Gottes, sei gegrüßt!

Evangelium:
Von der Geburt Jesu
(Z.B. aus: Meine große Bilderbibel.
Verlag Herder Freiburg 1996, S. 143.)

Katechese:
Wir haben von der Geburt Jesu gehört, liebe Kinder, liebe Erwachsene. Maria ist die Mutter Gottes, das ist etwas Besonderes. Ein Engel fragte sie, ob sie die Mutter von Jesus werden will. Sie sagte Ja, und freute sich auf das Baby, wie sich auch eure Mutti und euer Papi auf euch gefreut haben. Sie hatte Jesus ganz lieb, wie auch eure Eltern euch immer lieb haben. So, wie eure Eltern für euch sorgen und meist die Mutti kocht, wäscht, putzt und einkauft, so hat auch Maria für Jesus und Josef gesorgt.
Sie erzählte auch Jesus von Gott und segnete ihn. Sie beteten auch zusammen. Maria hatte auch Sorge um Jesus, als der böse König Herodes das Kind töten wollte. Sie mußten in ein fremdes Land reisen. Maria hatte es auch manchmal schwer mit Jesus. Er ging mit ihnen nach Jerusalem zu einem Fest und blieb im Tempel zurück.
Maria und auch Josef machten sich viele Sorgen. Maria aber vertraute, daß Gott alles gut machen wird. Sie glaubte, daß Gott ihr Vater ist, der sie liebt und immer bei ihr bleiben wird. Das dürfen auch wir glauben. Gott liebt alle Kinder, alle Menschen groß und klein, reich und arm. Er liebt auch unsere Eltern. Er liebt besonders Maria, und weil sie so gut war, durfte sie die Mutter Jesu werden. Weil Maria zum Engel gesagt hatte: »Ja, ich will die Mutter Jesu werden«, danken wir ihr ganz besonders und singen nun das Lied:

Lied:

T u. M: Rolf Krenzer
Aus: Regenbogen bunt und schön,
© Verlag E. Kaufmann, Lahr

2. Hast mit ihm gespielt, gelacht, trugst ihn auf dem Arm.
   Bei dir hatte Jesus es sicher gut und warm.

3. Wie du liebtest deinen Sohn, liebst du jedes Kind.
   Bitte Gott, den Herrn für uns, wenn in Not wir sind.

Fürbitten:

Maria, wir bitten durch dich Deinen lieben Sohn Jesus
- Schenke allen Frauen, die mit Freuden ein Baby erwarten, ein gesundes Kind.

Alle: Maria, bitte für sie
- Schenke allen Kindern viel Freude und Geborgenheit in ihren Familie.

Alle: Maria, bitte für sie
- Schenke allen einsamen und traurigen Kindern Menschen, die sie lieb haben.

Alle: Maria, bitte für sie
- Schenke allen Eltern, die Sorge mit ihren Kindern haben, Kraft und Geduld, und laß sie nicht so traurig sein.

Alle: Maria, bitte für sie

Schenke uns allen, die wir jetzt zusammen beten, immer Freude, und daß wir auch daheim öfter an dich denken und gut zueinander sind.

Alle: Maria, bitte für uns

Lieber Jesus erhöre unsere Bitten. Amen

Vater unser:

Wir beten zu Gott unserem Vater, wie es uns Jesus gelehrt hat und grüßen auch Maria mit dem Gebet.

Vater unser im Himmel …

Gegrüßet seist du Maria …

Segen:

Bevor wir wieder auseinander gehen, bitten wir um den Segen.

Gott, der uns immer begleitet, segne und beschütze uns auf all unseren Wegen:

Im Namen des Vaters und des Sohnes und des Heiligen Geistes. Amen.

Lied:

T: Ernst Bader, M: Horst Wende
Text geändert von Sr. Reinholda Wittmann

1. Er hält die ganze Welt in seiner Hand (3x)
   er hält die Welt in seiner Hand.

2. Er hält das kleine Baby in seiner Hand (3x)
   er hält die Welt in seiner Hand.

3. Er hält auch unsre Eltern in seiner Hand (3x)
   er hält die Welt in seiner Hand.

4. Er hält auch dich und mich in seiner Hand (3x)
   er hält die Welt in seiner Hand.

Aktion:

Die Kinder kommen nun nach vorne und holen ihre Puppe ab und erhalten ein Andachtsbild (– Maria mit Jesus)

Bewegungen zum Lied:
Er hält die ganze Welt
1. Strophe

Er hält die ganze Welt	– *mit beiden Händen von oben nach unten einen großen Kreis bilden*
in seiner Hand	– *die ausgestreckten Hände nach vorne halten*
Er hält die Welt	– *mit beiden Händen von oben nach unten einen großen Kreis bilden*
in seiner Hand	– *die ausgestreckten Hände nach vorne halten*

2. Strophe

Er hält das kleine Baby	– *Beide Arme untereinander legen und wiegen*
in seiner Hand	– *die ausgestreckten Hände nach vorne halten*

3. Strophe

Er hält auch unsre Eltern	– *den rechten Arm ausstrecken und zu den Eltern zeigen dann mit den linken Arm*
in seiner Hand	– *die ausgestreckten Hände nach vorne halten*

4. Strophe

Er hält auch dich und mich	– *auf den rechten Nachbarn zeigen, dann auf sich*
in seiner Hand	– *die ausgestreckten Hände nach vorne halten*

Maria, wir lieben dich

Einladung
KLEINKINDERGOTTESDIENST

Thema: Maria, wir lieben dich

am .... um ..... Uhr

in der katholischen Kirche

....

Wir laden alle Kinder und Eltern dazu herzlich ein,
Wir wollen Gott loben und ihm danken,
daß er uns Maria geschenkt hat.

Wir freuen uns auf Euch
und schicken Euch liebe Grüße

Begrüßung:

*Wir sind heute wieder zusammengekommen,
um Gott zu loben und an Maria zu denken.
So wollen wir den Gottesdienst beginnen:
Im Namen des Vaters und des Sohnes und des
Heiligen Geistes. Amen.
Ihr Kinder dürft nach vorne kommen.
Wir bilden einen Kreis und singen mit Bewegungen das*

Lied zur Eröffnung:

T: Rolf Krenzer, M: Detlev und Lele Jocker
© Menschenkinder Verlag, Münster

2   Wir fangen an, fröhlich zu sein,
    und sind wir auch schwach und so klein,
    denn Gott sagt ja ...

3. So singen wir aus Dankbarkeit
    und öffnen die Herzen so weit,
    denn Gott sagt ja ...

Bewegungen:
Wir fangen an, fröhlich zu sein

1. Strophe

Wir fangen an, fröhlich zu sein. Wir dürfen von Herzen uns freun;	– *wir reichen uns die Hände und gehen im Kreis*
denn Gott sagt ja, zu dir, Gott sagt ja, zu mir.	– *stehen bleiben und auf ein Kind zeigen und anlachen*
Gott ist für uns da.	– *beide Hände nach oben und nach unten hin einen Kreis bilden*

2. Strophe

Wir fangen an, fröhlich zu sein, und sind wir auch schwach und so klein,	– *wir stehen im Kreis* – *die Hände nach unten hängen* – *Hände in Hüfthöhe, Handfläche nach unten zeigen*
denn Gott sagt ja, zu dir, Gott sagt ja, zu mir. Gott ist für uns da.	– *Bewegungen wie bei der 1. Strophe*

3. Strophe

So singen wir aus Dankbarkeit und öffnen die Herzen so weit;	– *die Hände nach vorne halten* – *beide Hände auf das Herz, dann seitlich ausstrecken*
denn Gott sagt ja, zu dir, Gott sagt ja, zu mir. Gott ist für uns da.	– *Bewegungen wie bei der 1. Strophe*

Gespräch:
Gott sagt ja, zu dir, Gott sagt ja, zu mir, haben wir gerade gesungen. Gott sagte auch ja zu Maria, und Maria sagte ja zu Gott, als er den Engel zu ihr schickte.

Jetzt dürft ihr euch auf den Teppich setzen. Ihr habt das Bild, die Zweige und auch die Kerze in der Mitte gesehen. Wir werden nun die Geschichte hören, wie Maria ihr »Ja« zum Engel sagt.

Evangelium:
Die Verkündigung,
(Z.B. aus: Meine große Bilderbibel.
Verlag Herder Freiburg 1996, S. 143.)

Katechese:
Gott schickt einen Engel zu Maria und fragt, ob sie die Mutter von Jesus werden will. Maria erschrickt, als der Engel zu ihr spricht. Sie kann es nicht glauben, daß sie die Mutter des Gottesohnes werden soll.
Gott sagt ja zu ihr, weil sie eine *gute* Frau ist. Und sicher war sie auch eine *schöne* Frau. Maria überlegt, und voller Freude sagt sie »ja« zu dem Engel.
Der Engel sagt zu ihr: »Du bist voll der Gnade«, das heißt, du bist etwas besonderes, eine *wunderbare* Frau.
Maria war auch eine *hilfsbereite* Frau.
Sie ging zu ihrer Verwandten, die auch ein Baby bekam, und half ihr bei der Arbeit. Wir haben nun viel von Maria gehört und wollen zur leisen Musik tanzen.

Meditationsmusik:
(selbst auswählen)

Wir beten:
Maria, wir danken dir, daß du »ja« zum
Engel gesagt hast. Du bist auch unsere Mutter.
Wir beten:
– Maria, du gute Frau
Alle: Maria, wir rufen zu dir
– Maria, du schöne Frau
– Maria, du wunderbare Frau
– Maria, du hilfsbereite Frau

Gebet:

Guter Gott, du hast Maria zur Mutter deines Sohnes erwählt. Wir danken ihr, daß sie »Ja« zu deiner Botschaft gesagt hat, die ihr der Engel brachte. Wir danken ihr und grüßen sie und ihren Sohn Jesus von Herzen. Amen.

Lied:

T: M. Strasser, M: Franz Kett
© RPA Verlag, Landshut

Ma - ri - a, Ma - ri - a, wir wol - len zu dir geh'n
und un - ter dei - nem Man - tel steh'n.
Dein Man - tel ist so schön und weit. Er
schenkt uns viel Ge - bor - gen - heit. Bei
dir ist Platz für Groß und Klein.
Al - le, al - le dür - fen bei dir sein.

Vater unser:
Wir beten zu unseren guten Vater:
Vater unser im Himmel,
geheiligt werde dein Name,
dein Reich komme,
dein Wille geschehe, wie im Himmel
so auf Erden.
Unser tägliches Brot gib uns heute.
Und vergib uns unsere Schuld,
wie auch wir vergeben unsern Schuldigern.
Und führe uns nicht in Versuchung,
sondern erlöse uns von dem Bösen.
Denn dein ist das Reich und die Kraft
und die Herrlichkeit in Ewigkeit.
Amen.

Gegrüßet seist du, Maria,
Alle: Ja, so sei es.
Voll der Gnade.
Ja, so sei es.
Der Herr ist mit dir.
Ja, so sei es.
Du bist gebenedeit unter den Frauen.
Ja, so sei es.
Und gebenedeit ist die Frucht deines Leibes,
Jesus.
Ja, so sei es.
Heilige Maria, Mutter Gottes, bitte für uns Sünder.
Ja, so sei es.
jetzt und in der Stunde unseres Todes. Amen.
Ja, so sei es.

Segen:
Es begleite uns der gütige Gott mit seinem Segen:
Im Namen des Vaters und des Sohnes und des Heiligen Geistes.
Amen.

Lied:

1. Singt Menschen nah und weit, singt all voll Fröhlichkeit:_____ Gegrüßt seist du Maria, Maria.

2. So viel der Vögel sind
   so viel der Blumen sind
   Gegrüßt seist Du Maria, Maria.

3. Nimm Mutter auch von mir,
   mein Herz das schenk ich Dir.
   Gegrüßt seist Du Maria, Maria.

Aktion:
Alle Kinder dürfen ein Teelicht als Erinnerung mit nach Hause nehmen.

Zur Vorbereitung:
Einladungen
Liederbegleitung mit Gitarre – Veeh-Harfe
Liedzettel für Besucher

Notwendige Materialen:
großes Marienbild, grüne Zweige zum Verzieren (auf den Boden legen) Kerze, Zündhölzer, Teelichter zum Tanz, Cassettenrekorder, Cassette – Meditationsmusik

Maria begleitet Jesus auf dem Kreuzweg

Einladung
KLEINKINDERGOTTESDIENST

Thema: Maria begleitet Jesus auf dem Kreuzweg

am .... um ..... Uhr

in der katholischen Kirche

....

Wir laden alle Kinder und Eltern dazu herzlich ein.
Wir wollen Gott loben und ihm danken,
und denken auch an Maria.
Konfession spielt dabei keine Rolle.

Wir freuen uns auf Euch

Begrüßung:
*Ich darf euch, liebe Kinder und Eltern, ganz herzlich
zu unserem Gottesdienst begrüßen.
Wir grüßen auch Jesus in unserer Mitte.
Im Namen des Vaters und des Sohnes und des Heiligen Geistes. Amen.*

Lied:

T und M: Franz Kett und Sr. Ester Kaufmann

Je-sus, du bist Mensch ge-wor-den, un-ser Freund und Bru-der. Je-sus, du bist Mensch ge-wor-den, du Got-tes Sohn.

Gebet:
Guter Gott, dein Sohn Jesus hat vielen Menschen Gutes getan, und doch hatte Jesus auch Feinde, die ihn nicht wollten. Er wurde verurteilt und sollte sterben. Maria, seine Mutter, war sehr traurig und begleitete ihren Sohn auf seinem schweren Weg. – Sei auch uns nahe, wenn wir traurig sind. Amen.

1. Station:
Die Feinde Jesu laden ihm ein schweres Kreuz auf die Schulter, und er muß es durch die Straßen tragen.
Es ist heiß, und viele Leute drängen sich um ihn. Jesus ist traurig und hat Angst.

Ach Jesus, liebster Jesus mein,
Du leidest Not, du leidest Pein.
Das Kreuz ist groß, das Kreuz ist schwer.
Du nimmst es auf, wir danken dir.

4. Station:

Am Wegrand steht Maria, seine Mutter, und wartet auf ihren Sohn Jesus. Als sie ihn sieht mit dem schweren Kreuz und voller Wunden, ist sie sehr traurig. Am liebsten würde sie ihm helfen, aber sie darf ihm nicht helfen. Jesus schaut Maria mit seinen lieben und traurigen Augen an, und Maria spürt einen tiefen Schmerz in ihrem Herzen. Sie hat Mitleid mit ihrem lieben Sohn. Vielleicht will er sagen: sei nicht so traurig, Gott wird bei dir sein. Dann muß Jesus weitergehen.

Ach Jesus, liebster Jesus mein,
Du leidest Not, du leidest Pein.
Maria tief im Herzen spricht:
»Gott Vater, Du, verlaß ihn nicht.«

12. Station:

Maria folgt Jesus auf dem Weg. Als er an das Kreuz genagelt wird, ist sie in seiner Nähe. Bevor Jesus stirbt, sagt er zu seiner Mutter: Mein Freund Johannes ist nun dein Sohn, du bist nun seine Mutter.

Ach Jesus, liebster Jesus mein,
vorbei ist deine große Pein.
Maria hält dich auf ihrem Schoß,
Wie ist ihr Leid so schwer und groß.

14. Station:

Jesus wird von Freunden vom Kreuz heruntergenommen, und Maria hält ihren lieben Sohn noch einmal auf ihrem Schoß. Dann tragen Freunde ihn zum Grab und legen einen großen Stein davor.
Aber der große Stein kann Jesus nicht festhalten.
Gott, sein Vater, hat Jesus aus dem Tod auferweckt.
Darüber freuen wir uns alle zusammen mit seiner Mutter Maria.

Lied:
(Kinder klatschen dabei)

T: K. Hoffmann, M: D. Fischer
T: geändert Sr. Reinholda Wittmann

1. Jesus lebt, ich freue mich. Halleluja. Jesus lebt, ich freue mich. Halleluja.

2. Auch Maria freut sich sehr. Halleluja.
   Auch Maria freut sich sehr. Halleluja.

Wir beten nun gemeinsam das Gebet, das Jesus uns gelehrt hat und machen dazu Bewegungen.
Wir denken besonders an alle Traurigen, Kranken und alle, die ein Leid oder auch Schmerzen haben. Wir grüßen auch Maria.

Vater unser (mit Bewegungen)

Gegrüßet seist du, Maria

Segen:
Gott, der gute Vater,
der Jesus nahe war im Leid,
und der ihn vom Tod erweckt hat,
er helfe auch uns, wenn wir traurig sind,
und gebe uns seinen Frieden.
So segne uns der gute Gott, der Vater, der
Sohn und der Heilige Geist. Amen.

Lied:

T: F. Klett, M: Volksgut

Komm zu uns Herr mit all Deiner Liebe bleibe bei uns bis ans Ende der Zeit. Gib den Armen das Brot, hilf den Kranken in der Not, laß uns niemals auf Erden allein. Komm zu uns Herr mit all Deiner Liebe, bleibe bei uns bis ans Ende der Zeit.

Aktion:
Die Kinder erhalten ein Bild: Maria begegnet Jesus auf dem Kreuzweg. Zuhause können sie dieses Bild ausmalen.

Zur Vorbereitung:
Einladungen
Liederbegleitung mit Gitarre und / oder mit Veeh-Harfe für Kinder
Liedzettel für Besucher

Notwendige Materialien:
Bilder vom Kinderkreuzweg
(Z.B. aus H. Großmann, wir gehen mit Jesus. Ein Kinderkreuzweg. Verlag Herder, Freiburg 1987)

Gesten und Bewegungen zum Vater unser

Vater unser im Himmel,	– *beide Arme gestreckt mit geöffneten Händen nach oben führen*
	– *Blick mit gehobenem Kopf nach oben gerichtet*
geheiligt werde dein Name.	– *Oberkörper verneigt sich mit ausgestreckten Armen*
Dein Reich komme.	– *Arme in Schulterhöhe waagrecht ausgestreckt*
	– *Hände nach oben geöffnet*
	– *Blick mit erhobenem Kopf nach oben gerichtet*
Dein Wille geschehe,	– *Arme in Schulterhöhe weiter waagrecht ausgestreckt*
	– *Hände nach oben geöffnet*
	– *Kopf geneigt mit gesenktem Blick*
wie im Himmel so auf Erden.	– *Der rechte Arm zeigt nach oben, der linke Arm zeigt nach unten*
Unser tägliches Brot	– *Arme gebeugt vor dem Körper*
gib uns heute.	– *Hände zur Schale geformt*
Und vergib uns unsere Schuld,	– *Arme über der Brust gekreuzt, Oberkörper nach vorn geneigt*
wie auch wir vergeben unsern Schuldigern.	– *mit ausgestreckten Armen die Schultern oder Hände der Nachbarn fassen*
Und führe uns nicht in Versuchung,	– *Hände vor das Gesicht legen*
sondern erlöse uns von dem Bösen.	– *Arme und Oberkörper dehnen und räkeln*
Denn dein ist das Reich und die Kraft	– *Arme gestreckt mit nach oben geöffneten Händen langsam nach oben führen*
und die Herrlichkeit	– *mit erhobenem Kopf Blick nach oben richten*
in Ewigkeit. Amen.	– *mit gestreckten Armen über dem Kopf in die Hände klatschen*

Quellenangaben: *(außer Kinderandachten)*

Die Texte, bzw. Lieder sind folgenden Werken entnommen:
Herders Hausbuch der Gebete, Schaube, Werner (Hg.), Verlag Herder, Freiburg 1994: 26, 39, 53, 56f, 95, 104, 131, 132.
Schaube, Werner, Rufsäule, Verlag Herder, Freiburg 1995: 60.
Schneider, Waltraud, Getanztes Gebet. Vorschläge für Gottesdienste in Gemeinden und Gruppen. Verlag Herder, Freiburg 1991: 25f, 106f.
Schneider, Waltraud, Tanzend beten – betend tanzen. Gottesdienste in Gemeinden und Gruppen. Verlag Herder, Freiburg 1996: 96ff.
Schott – Meßbuch, Marienmessen. Verlag Herder, Freiburg 1994: 21, 35, 58.
Siegers, Conrad M. und Willemsen, Marianne, Ave Maria, Frau und Mutter. Maria im Kirchenjahr kreativ feiern. Verlag Herder, Freiburg, 1995: 40, 54, 80, 92, 94, 157.

Soweit Rechteinhaber nicht ausfindig zu machen waren, bitten wir diese, sich an den Verlag Herder, Freiburg im Breisgau zu wenden.

Neue Ideen für Gottesdienste
zur Passions- und Osterzeit

Christoph Recker
Wälzt den Stein weg
Neue Anregungen für Gottesdienste der Kar- und Ostertage
112 Seiten, Paperback,
ISBN 3-451-23949-3

Dieses Werk will Anregung sein, die Kar- und Ostertage einmal etwas anders als gewohnt zu feiern. Zu diesem Zweck bietet es eine Fülle von Ideen, wie das Osterfest für die Gemeinde neu erfahrbar gemacht werden kann.

Den Vorhang zerreißen
Neue Ideen für Gottesdienste und Gemeindefeiern
zu Fastenzeit und Ostern
Hrsg. von Erich Schredl
144 Seiten, Paperback,
ISBN 3-451-26346-7

Diese wertvolle Ideensammlung für die Gestaltung der Fasten-, Kar- und Ostertage zeigt, wie man Ostern in der Gemeinde neu erleben kann. Die einzelnen Gottesdienstmodelle können in ihren Komponenten auch als originelle und lebendige Bausteine in der liturgischen Gestalung dienen.
    Eine wichtige Hilfe zur Belebung der Fasten- und Osterzeit in der Gemeinde.

Herder
Freiburg · Basel · Wien

Predigtsammlungen für besondere Anlässe

Sammle meine Tränen
Christliche Verkündigung angesichts von Tod und Trauer
Hrsg. von Josef Spörlein
144 Seiten, Paperback,
ISBN 3-451-26104-9

Dieses Buch beinhaltet 34 ausgewählte Predigten zum Thema Tod und Trauer. Die Ansprachen eignen sich zur Verwendung bei Trauergottesdiensten, am Grab und überall dort, wo einfühlsame Worte des Glaubens Mut und Halt geben können.

Eine wertvolle Unterstützung bei der anspruchsvollen Aufgabe, dem Leid und der Trauer sensibel zu begegnen.

Das Ja wagen
Neue Trauungsansprachen
Hrsg. von Klemens Richter
160 Seiten, Paperback,
ISBN 3-451-23936-1

Diese Sammlung einfühlsamer Trauungsansprachen will neue Anregungen und Impulse für die Feier der Hochzeit geben. Dabei kommen sowohl katholische als auch evangelische Autoren zu Wort. Sie berücksichtigen u.a. auch Trauungen der besonderen Art, wie beispielsweise die ökumenische Vermählung.

Eine praktische Predigtsammlung, die Pfarrern beider Konfessionen eine wertvolle Hilfe sein will.

Herder
Freiburg · Basel · Wien